7 Pasos al PROGRESO

UNA GUIA PRACTICA PARA PROGRESAR Y REALIZAR SUS SUEÑOS EN LOS ESTADOS UNIDOS

Carlos A. Sánchez

Editado por Estella Prettelín

Publicado por:
Instituto de Exito HISPANO
HSI Publishing Group
P.O. Box 7081 Dallas, Texas 75209
hsicon@aol.com - www.hsiconsulting.com
1 (800) 259-2294

7 Pasos al PROGRESO
Una Guía Practica Para
Progresar y Realizar Sus Sueños
en los Estados Unidos

Editado por Estella Prettelín

Publicado por el
Instituto de Exito HISPANO
P.O. Box 7081
Dallas, Texas 75209
http://www.hsiconsulting.com

ISBN 1-891368-04-4

Impreso en los Estados Unidos de América
Printed in the United States of America

Dedicatoria

He tenido la fortuna de tener maestros que entraron a mi vida, me regalaron su sabiduría y cambiaron mi perspectiva para siempre. Muchos llegaron disfrazados de personas sin pretención de enseñarme de la forma en que lo hicieron.

Tal fue el caso de Olga Iglesias, a quien dedico esta obra. Al buscar en toda relación humana la oportunidad de dicha y felicidad, me enseñó que el desarrollo espiritual es la única garantía de amor, progreso y tranquilidad.

Su última lección fue la más dolorosa
y la más difícil de comprender.

Con todo mi amor, respeto y agradecimiento
para el ser más tierno, inteligente y hermoso
que en mi vida he conocido...

Olga Iglesias

¡Dios te Bendiga Corazón!
Siempre tuyo, Carlos Alberto

Cuando todo comenzó, ya existía la Palabra;

y aquel que es la Palabra

estaba con Dios y era Dios.

En el principio, pues, él estaba con Dios.

Por medio de él, Dios hizo todas las cosas;

Nada de lo que existe fue hecho sin él.

En él estaba la vida, y esta vida era la

Luz para los hombres.

Esta luz brilla en la oscuridad,

y la oscuridad no ha podido apagarla.

San Juan 1:5

Aviso

Este libro fue escrito con la intención de dar al lector información relevante con respecto al progreso en los Estados Unidos. No se pretenden dar consejos psicológicos o médicos. Si usted padece de algun malestar físico o emocional, recomendamos que busque la ayuda de un profesional debidamente acreditado.

Las técnicas de programación neurolingüítica se presentan para el uso exclusivo del lector. Si desea más información acerca de su uso profesional terapeutico, por favor diríjase a los números proporcionados al final de esta obra.

Si usted no está de acuerdo con lo antes mencionado, por favor devuelva este libro y con gusto le devolveremos su dinero.

Índice

Prólogo

Fuimos creados con la intención de aprender, amar y evolucionar. Nuestra existencia nos permite la oportunidad de hacer de la vida un monumento a la felicidad con solo decidirlo. Aunque el progreso y el bienestar están al alcance de todos, requieren de energía para su manifestación. Energía a la que todos tenemos acceso. Si analizamos la composición molecular de una piedra, una flor, un árbol o un hombre, encontramos que tienen las mismas propiedades físicas; todo objeto, en su esencia natural, está compuesto de energía y espacio, esa energía está compuesta de partículas movibles de luz que realizan una danza infinita de lo invisible a lo visible, de lo metafísico a lo físico y viceversa.

Esta masa física se llama conciencia, según el Dr. Deepak Chopra, "Nuestra esencia espiritual es conciencia pura, siendo infinito e ilimitado, es también alegría pura. Otros atributos de la conciencia son conocimiento puro, silencio infinito, equilibrio perfecto, invencibilidad, simplicidad y bienaventuranza. Esta es en sí, la esencia de nuestra naturaleza".

Las disciplinas religiosas del mundo parecen estar de acuerdo con esta hipótesis, y todas llevan al conocimiento de la luz como uno de sus principales objetivos. Cada día más científicos admiten la existencia de un creador, un universo omnipresente, y de inteligencia infinita.

Por más de treinta años en Estados Unidos, cientos de autores han presentado esta teoría con resultados revolucionarios, y la población parece estar aceptando que su naturaleza es espiritual, y que el conocimiento del Ser lleva a la abundancia en el mundo físico.

Dichos autores aseveran lo que por miles de años han proclamado los poetas, profetas y líderes mundiales:

1. Existe una *energía* invisible de infinita inteligencia.
2. Esta *energía* está en todo ser visible e invisible.
3. El propósito del ser humano es descubrir esa *energía* y verla como parte de sí mismo.

Esa energía se llama Dios, y de acuerdo a la biblia, "somos la manifestación de Dios en la tierra y la expresión del amor en forma física". Dios es la perfección y armonía que reinan en la naturaleza, pudiendo palparlo en la quietud del mar, al contemplar un atardecer, internarnos en un bosque o al escuchar la risa de un bebé.

Un bebé en su estado natural, es amor puro, potencial ilimitado, dicha y bienaventuranza en forma humana; tradicionalmente al iniciar su desarrollo, aprende a interpretar la realidad a través de sus primeros maestros. Olvida su esencia natural y rara vez *utiliza* sus recursos divinos. Durante su crecimiento *aprende* que el mundo está gobernado por leyes físicas e ignora lo que no sabe percibir con sus cinco sentidos. Es cuando aparece el sufrimiento.

Siendo por naturaleza seres de amor, paz y luz, *el ego* ha impactado nuestro bienestar en forma devastadora; el ego es la *identidad falsa* que *aprendimos* de nosotros mismos, es la máscara social, basada en el temor, que mostramos a la sociedad y al mundo.

Cuando el ego domina nuestra conciencia, empleamos mucho de nuestro tiempo en busca de objetos físicos que demuestran el éxito material. Al necesitar y obsesionarnos por dichos objetos, la *energía divina* circula lentamente y al igual que la sangre en las venas, se detiene, se coagula y causa toda clase de malestares.

El espíritu es nuestra fuente de vida y el lazo que une a todo ser en el universo. Al ignorar su gracia y divinidad se nos dificulta amar y perdonar. La idea que somos seres puramente físicos nace de la enseñanza de otros que aseguran que somos únicos, separados, superiores y especiales. Creer que no somos parte de la danza del universo causa un desequilibrio en nuestra conciencia, y no hay sufrimiento más profundo que vivir con esa mentira.

La mente es el lazo entre el espíritu y el cuerpo físico, trasmitiendo ideas de lo invisible a lo visible por medio de pensamientos, al desconocer las leyes de la mente, el flujo de energia se detiene y creemos que es "natural" mentir, envidiar, deprimirnos, tener miedo, furia, preocupaciones y juzgar a nuestros semejantes. Al vivir en este paradigma causamos heridas mentales que son la causa del segundo sufrimiento más grande que conocemos.

Toda emoción nace en la mente como resultado de la manera en que *aprendimos* a percibir, y a reaccionar a las circunstancias que se presentan. Al no fluir la energía emocional, ésta se torna negativa resultando en la pérdida del control y al martirio, el cual, contradice la abundancia del universo. La creencia en la falta de amor y armonía nos lleva a manifestar la pobreza y la infelicidad.

A través del sistema nervioso los pensamientos se convierten en una manifestación física. Esto se llama comportamiento. Cuando el cuerpo físico no recibe amor y cuidado, la energía fluye lentamente y nos cansamos, nos enfermamos y comienza la espiral hacia la muerte.

Por otra parte, cuando aprendemos a permitir el flujo de energía, la manifestación de nuestros deseos se acelera, aumenta la confianza y la tranquilidad que necesitamos para disfrutar la vida.

Por naturaleza todos poseemos el poder de aumentar la energía positiva en nuestra vida, sin embargo, solamente lo podemos hacer por medio de una decisión conciente y un enfoque definido de la mente.

En la historia, toda aquella persona que ha hecho realidad sus sueños, disfrutó del libre flujo de energía física, emocional, mental y espiritual, por lo que su vida se llenó de inspiración y entusiasmo.

Buda contaba a sus discípulos, la siguiente historia:

Una tarde un hombre se fue a la guerra en una tierra lejana dejando atrás a su hijo. Esa misma noche sus enemigos entraron al pueblo e incendiaron todas las viviendas.

Al volver el hombre a su casa comenzó a gritar buscando a su hijo, y sólo encontró los restos calcinados de un pequeño cuerpo, inmediatamente se dió a la tarea de quemar el cuerpo y adonde quiera que iba, llevaba las cenizas de su hijo perdido como un recuerdo.

Una noche alguien tocó a su puerta y el hombre exclamó: ¿Quién es?

–Soy yo padre, tu hijo, respondió una voz desde el extrerior.

El hombre no lo creyó y preguntó otra vez: ¿Quién es?

–Soy tu hijo, respondió el visitante.

El hombre se negó a abrir la puerta porque estaba seguro que era un niño que cruelmente jugaba con él. Esa noche el hombre durmió con las cenizas de una niña que murió calcinada como resultado de la guerra.

¿Será usted acaso como el hombre que no abrió la puerta?

Imagínese que puede usar la información contenida en este libro para aumentar la felicidad en su vida, ¿lo haría?

La promesa de los Siete Pasos al Progreso es ayudarle a conocer su esencia y liberar esa energía que por nacimiento le corresponde, el desafío es que ponga a un lado lo que cree que es posible en su vida, y que abra la mente a nuevas y verdaderas posibilidades. Si vuelve a leer este prólogo se dará cuenta de cuantas veces uso el verbo *aprender*. Si usted quiere realizarse plenamente, tendrá que aceptar que posiblemente *aprendió* a interpretar la realidad según otros y no de acuerdo a su verdadera esencia. Esto no es bueno ni malo, sólo "és".

No hay duda que somos creadores de pensamientos, y lo que pensamos manifestamos en el mundo físico, ahora, permítame preguntarle:

¿Le complace lo que ha manifestado hasta ahora?
¿Le gustaría manifestar algo diferente?
Si pudiera manifestar cualquier cosa, ¿qué sería?

Siga el ejemplo de miles de personas que han hecho realidad lo que soñaron y decídase hoy a vivir plenamente.

Aprendí los Siete Pasos al Progreso por medio de enseñanzas directas, metáforas, observación y experiencias personales. Por eso los he presentado de la misma manera; en forma metafórica, usando ejemplos, historias, personas comunes, y ejercicios prácticos. Estoy positivamente seguro de que el progreso, la dicha y la bienaventuranza pueden ser suyos por el resto de sus días.

Reciba un abrazo y la mayor de mis bendiciones.

Carlos A. Sánchez

Reconocimientos

Quiero expresar mi amor y gratitud a las siguientes personas:

A mis padres y hermanos quienes fueron mis primeros maestros.

A mi familia por adopción, especialmente a: Laura de la Garza por su enorme visión y entrega para mantener la salud de la mujer hispana, y a su hija Christina, por representar la juventúd y la esperanza de un mañana mejor.

La LEO Xochitl Rosa Pacheco, por haberme obsequiado los libros que me ayudaron a presentar el pensamiento de grandes hombres mexicanos.

Tomas Seguí por su ayuda para la redacción del prólogo y su gentil revisión de los conceptos enunciados en esta obra.

Norita Moreno, por haber escuchado mis ideas durante años, y darme su honorable opinión.

Pedro H. Morales, el maestro de maestros, por su enseñanza y sabiduría.

Mis alumnos, de quienes también aprendí muchísimo a través de los años.

Mis compañeros de "Fiesta Bilingual Toastmasters", por su inspiración y su dedicación al autodesarrollo.

Y muy en especial, a Estella Prettelín, mi editora, colega y compañera en la busqueda del bienestar humano, por ayudarme a expresar los conceptos de superación contenidos en esta obra.

Presentación

Esta es la historia de mi amigo Luis. En los años que tengo de conocerlo he visto su crecimiento. Cuando lo conocí era una persona tímida y reservada, con el tiempo se convirtió en una persona con gran pasión y entusiasmo por la vida. Hoy es feliz y aunque como todos, tiene problemas, gracias a la instrucción de don Raúl, los resuelve con facilidad.

Este libro es sobre superación personal. Lo más importante es que trata de los pasos que han llevado a cientos de personas a disfrutar sus vidas y a progresar. Los ejemplos son reales y los principios prácticos.

El concepto principal de esta obra puede definirse al referirse a lo que dijo Jesus:

"Porque cual es su pensamiento en su alma, tal es él"

O lo que dijo El Buda:

"Eres lo que piensas, todo en tu mundo
está allí porque así lo has pensado,
con los pensamientos creas tu mundo"

La mejor manera de aprovechar este libro es participando activamente. Después de leer cada capítulo, haga los ejercicios y conteste las preguntas como si usted fuera el aprendiz.

1

Cada capítulo presenta una serie de ideas que usted puede usar para superar los principales obstáculos al progreso y se incluyen sugerencias para llevar a cabo dichas ideas. Al final de cada paso al progreso, Luis (el protagonista principal), ha escrito un resumen. Úselo como repaso y tome apuntes de lo que quiere volver a leer.

Las formas de usar esta información son infinitas. Sea creativo y preste atención a sus instintos, usted mejor que nadie, sabe lo que necesita para mejorar su nivel de vida.

1

Decide Vivir Mejor

Lloviznaba cuando Luis salió del mercado; caminando por el estacionamiento recordó como vivía antes de conocer a don Raúl y se alegró al pensar en su viejo amigo.

Se detuvo al llegar a su auto y mirando hacia arriba murmuró: era un hombre sabio y generoso, siempre tuvo algo que decirme cuando le pedía consejos, ¡me ayudó tanto!

Al encender el motor del auto su rostro se iluminó con una sonrisa al pensar que don Raúl le había encargado algo muy importante.

La vida de Luis cambió al poner en práctica los siete pasos al progreso que realizó don Raúl. Ahora es más feliz y todos los días camina firmemente hacia adelante. De ser una persona pesimista y negativa se convirtió en un individuo productivo. Ahora trabaja para una compañía que lo valora y donde tiene un futuro brillante. No siempre fue así, tuvo que superar muchos obstáculos.

Luis vivía preso de la soledad e incertidumbre, no sabía lo le deparaba el futuro y se estremecía de tristeza cuando pensaba en lo que había dejado en México. Muy a menudo solía platicar consigo mismo.

−¿Qué pasó con mis planes?, ¿porqué no he podido mejorar mi vida?

Su familia en México creía que era fácil progresar y que sólo tendría que trabajar muy duro para vivir en la abundancia.

Recordó entonces lo que le había dicho su tío Alberto: ¡El dinero casi crece en los árboles!, no te preocupes sobrino, te va a ir muy bien. Si su tío lo viera ahora, casi al borde de la miseria. Sus vecinos vivían tristes y afligidos, se quejaban el uno del otro, de sus trabajos, de su situación económica y social, y de sus viviendas. Como la niebla matutina, el pesimismo se había apoderado de sus vecinos, y su futuro era obscuro y sin esperanzas.

Hacían lo mismo todos los días, de la casa al trabajo y del trabajo a la casa. Dos días de descanso y comenzaba otro ciclo. Así vivían todos los del vecindario, todos menos don Raúl, él era diferente. Luis conocía de vista a don Raúl, al ir a trabajar de madrugada, casi todos los días lo veía en su jardín.

En su día de descanso, Luis lavaba su ropa en las lavadoras del complejo de apartamentos donde vivía. Estaba preocupado porque le habían recortado las horas en el trabajo.

–Voy a buscar otro trabajo, un lugar donde me valoren, se dijo a sí mismo al sacar la ropa mojada de la lavadora.

–Esa fábrica no valora a sus empleados, si no fuera por ellos, ya tendría coche, se lamentó, tengo que hacer algo, no puedo seguir así.

Después de tres años en los Estados Unidos, Luis estaba al borde de la frustración. Dejó de mandar dinero a casa y no podía ahorrar, estaba cansado de trabajar de sol a sol por muy poco dinero. Al sentarse a esperar que su ropa se secara siguió pensando en su situación y comenzó a sollozar.

En ese momento se abrió la puerta del cuarto de lavandería, Luis se quedó boquiabierto al ver entrar a un hombre extraño.

4

Era muy alto y parecía tener unos 70 años de edad, sus ojos reflejaban una ternura que no había visto antes, vestía con pantalón de mezclilla y una camisa azul, era don Raúl, el vecino que todos admiraban.

–Buenas tardes, dijo con una voz profunda y amable, ¿estás ocupando las máquinas?

–No, adelante, respondió Luis impresionado.

Don Raúl sacó sus prendas de una bolsa y las metió a la lavadora, volteó a ver al joven y le dijo: Para vivir mejor en este país, primero debes vivir en paz contigo mismo.

Luis miró a don Raúl sin entender lo que quería decir.

Al día siguiente Luis tomaba su café, aunque comenzaba el día ya se sentía cansado, no durmió bien pensando en lo difícil que era progresar en los Estados Unidos. Al pensar en sus problemas sentía la angustia en el fondo de su estómago.

De pronto alguien tocó a la puerta y sorprendió tanto a Luis que se salpicó de café.

–Sí, ¿quién es?, preguntó Luis.

–Soy tu vecino Raúl, olvidaste algo en la lavandería, dijo con una voz tan fuerte y enérgica que Luis no dudó en abrir la puerta.

–Aquí tienes, todavía le queda bastante, dijo su vecino al darle una caja de detergente.

–Gracias, ¿no se queda a tomar un café?

–Espero que no sea molestia.

–No es molestia, en dos horas entro a trabajar, nos cortaron las horas, dijo Luis pesadamente.

–Solo un momento, dijo don Raúl al dejar caer su enorme cuerpo en el sofá, también debo regresar a mis ocupaciones.

–¿A qué se dedica don Raúl?, preguntó Luis.

—Podrías decir que soy maestro, dijo al notar las humildes condiciones del apartamento

—¿Ah sí?, ¿maestro de qué?

—Un poco de todo, depende del estudiante.

Al servir el café Luis se sentó frente al gran hombre, sintió como si ya lo conocía de mucho tiempo.

—Trabajo con personas que quieren progresar, siguió don Raúl, y con aquellos que quieren mejorar el bienestar de sus familias, ¿sabes lo que se necesita para progresar?

—Claro necesito hablar inglés, ¿verdad?

—Eso piensa la gente que no habla el idioma de este país, dijo don Raúl levantándose para mirar por la ventana, saber inglés es una parte, pero si la gente que progresa tuviera que saber inglés, habría miles de personas de países como China, India y Africa, que estarían en problemas.

—Entonces don Raúl, ¿cuál es el secreto?

—Son varios los secretos, saber inglés es muy importante, pero no lo es todo, mucha gente hispana no progresa porque cree que tiene que hablar como los norteamericanos; eso no es verdad, necesitan saber lo suficiente para progresar, ¿entiendes la diferencia Luis?

—No muy bien.

—En los Estados Unidos muchas personas no son felices, aunque hablan el idioma, viven de cheque en cheque, con muchas deudas y mucho miedo.

—Se parecen a mí, murmuró Luis.

—Claro, dijo don Raúl, se parecen a tí porque los mismos problemas que tienes tú los tienen ellos, solamente en diferentes grados y en otro idioma; hablar inglés es importante, pero no lo es todo, los que progresan piensan de otra forma y por eso viven mejor.

—¿Cómo piensan?, preguntó Luis con curiosidad.

—A su tiempo lo sabrás, respondió don Raúl al despedirse y dejar en la mesa una nota escrita que decía:

> Las personas que progresan
> piensan de forma distinta a la tuya.
> Estoy dispuesto a ayudarte,
> Ven a verme.
>
> Raúl

Luis no dudó en ir a ver a don Raúl, sintió que le podía ayudar a progresar. Al tocar su puerta notó que su hogar parecía igual a los demás, el exterior era café claro y las ventanas estaban pintadas de blanco. Se sorprendió cuando su vecino abrió la puerta, era tan alto como el marco y mirando hacia arriba exclamó: ¡Buenas tardes don Raúl!

–Buenas tardes, ¡pásale!, por favor, dijo pausadamente.

El interior parecía una bibioteca, los estantes pegados a la pared, tenían cientos de libros, y al ver el asombro en su vecino, don Raúl dijo: Tengo años coleccionando la sabiduría de todos los tiempos.

–Veo que también tiene biografías, notó Luis.

–Estudio a los grandes personajes que ha dado el mundo, contestó sonriendo don Raúl.

–¿Te ofrezco algo de tomar?

–Sí, gracias, dijo Luis mientras admiraba la colección de libros.

–Parece que estás en un apuro.

–Sí, se lamentó Luis, voy a buscar otro trabajo, pienso irme de esta ciudad y empezar de nuevo. A ver si cambiando de ambiente me va mejor.

–¿Estás seguro que un cambio de ambiente te dará lo que buscas?, preguntó don Raúl desde su cocina.

–No veo otra alternativa, si no cambio siento que voy a seguir con los mismos problemas, dijo Luis.

–Los cambios físicos, cuando son drásticos, son indicaciones de una necesidad de cambir de por dentro.

–Pero en mi trabajo no me quieren, la gente en esta ciudad es muy grosera y no gano ni para mandar a casa. Yo vine a progresar, no a vivir así.

Al volver de la cocina don Raúl miró a Luis y dijo: Podrás cambiar todo lo que te rodea y te podrás ir a otra ciudad, pero al fin de cuentas tendrás que lidiar con la causa de tu sufrimiento.

–¿Cuál es la causa de lo que me pasa?, preguntó Luis a punto de llorar.

–Tú mismo Luis, mucha gente comete un error al tratar de remediar sus pesares cambiando su exterior. Dejan un trabajo por otro, cambian de pareja, se mudan de ciudad, y no se dan cuenta que los problemas no se resuelven desde el exterior, se resuelven desde aquí adentro, dijo don Raúl al tocarse el pecho, de otra manera la causa sigue, y es seguro que las mismas circunstancias que quisieron evitar volverán a presentarse.

–Si yo causé mis problemas, ¿qué puedo hacer?

Don Raúl se sentó frente a Luis y dijo: Para mejorar tienes que decidirte a hacerlo.

Luego de una pausa don Raúl siguió hablando, todos pueden progresar siempre y cuando estén dispuestos a dar los pasos necesarios, es un cambio de rumbo en la vida, y el camino está lleno de obstáculos, si lo tomas puedes lograr lo que te propongas con mayor facilidad, ¿estás dispuesto a seguir mis instrucciones?

Luis volteó a ver a don Raúl.

–¡Claro que estoy dispuesto!, ¡que tengo que hacer!

–Tienes que estar dispuesto a aprender.

–Lo estoy, dijo Luis, asintiendo con la cabeza.

–También tienes que recordar a qué veniste, qué ilusión te trajo a este país.

–Cuando pienso en eso, me pongo triste, manifestó Luis, mirando hacia abajo.

–La mayoría de las personas olvidan a qué vinieron, se ocupan tanto en trabajar para sobrevivir que olvidan que nunca ha habido tanta riqueza y oportunidad en la historia del planeta, don Raúl respiro profundamente y continuó, ya te iré explicando.

–Por lo pronto recuerda que para progresar tienes que desear el progreso. Hay miles de almas que han perdido de vista sus sueños, y por lo tanto, sus deseos de una vida mejor.

–Sin el deseo de mejorar no se puede hacer mucho, para tener la vida que deseas tienes que seguir tus sueños, y para seguir tus sueños, primero los tienes que recordar, dijo don Raúl poniéndose de pie.

–Todo lo que ves a tu alrededor comenzó con una idea, las ideas nacen de los sueños, los sueños son la base, sin sueños convertidos en deseo, el progreso es casi imposible.

–No entiendo, dijo Luis mirando al vacío.

–Antes de haber edificios, hubo planos; antes de haber ropa, hubo patrones; antes de automóviles, hubo diseños, todo comienza en la mente y es lo mismo con nuestra vida.

Don Raúl se acercó a un librero y sacó una biografía.

–¿Te gusta la música de *Juan Gabriel*?, preguntó al abrir el libro que sacó.

–Sí, claro, exclamó Luis.

–*Juan Gabriel* ha superado muchísimos obstáculos en su vida, fue encarcelado injustamente y pasó meses en companía de cientos de reos, padeció una profunda depresión y hasta quiso quitarse la vida.

–En ese momento, ¿qué crees que lo salvó?

Luis comenzó a entender, ¿Sus sueños?

–¡Exactamente!, contestó emocionado don Raúl.

–Justo antes de darse por vencido, **La Prieta Linda** le extendió la mano y grabó su primer disco. **Juan Gabriel** nunca se dejó vencer por la adversidad.

Don Raúl regresó el libro diciendo: El sueño que tuvo **Juan Gabriel** lo convirtió en un ferviente deseo, y diario pensaba en lo quería, y daba los pasos para lograrlo, aún en la cárcel. Hizo realidad el sueño de comprarle una casa a su madre y sacarla de trabajar.

–¿Cómo le hizo?, preguntó Luis.

–Siguió escribiendo canciones y soñando con lo que lo llevó a la ciudad de México, una vez descubiertos tus sueños, debes seguir esos pasos, esa forma de pensar.

–Antes de que te vayas quiero darte la clave para descubrir tus sueños, agregó don Raúl.

Se levantó y habló de manera pausada y amorosa, ésto lo debes hacer lo más rápido posible. Contesta estas preguntas sin juzgar lo que te venga a la mente.

–¿Es todo?, preguntó Luis.

–Esta es tu primera tarea, dijo mirando a Luis con la misma ternura que un padre mira a su hijo.

–Vas a necesitar un cuaderno donde vas a escribir en la forma más franca y sincera.

Don Raúl caminó a su escritorio y escribió algo en una hoja.

–¿Es este el primer paso?, indagó Luis.

–No es un paso al progreso, es algo más poderoso que éso, vas a reconocer tu esencia y a recordar que eres hijo de Dios, y que tienes derecho a ser feliz. De aquí surge el mapa que necesitas para llegar a tu destino. No tienes que entender todo por ahora, sólo haz lo que te digo. Esto es lo que tenía escrito:

Recuerda tus sueños siguiendo estos pasos:

1. Busca un lugar donde nadie te pueda interrumpir.
2. Asegúrate de que haya silencio.
3. Siéntate y respira profundamente cuatro veces.
4. Imagina que estas completamente relajado.
5. Imagina que puedes flotar en el aire.
6. Piensa en un lugar tranquilo y placentero.
7. Busca la luz.
8. Entra a la luz.
9. Afirma tu intención de recordar tus sueños.
10. Pregúntate:
    Si pudiera hacer cualquier cosa, ¿qué haría?
    Si pudiera imaginar mi vida llena de alegría, ¿qué estaría haciendo?
    ¿Qué cosas hice de niño que dejé de hacer porque pensé que no podía?

–Pero cómo lo hago si no entiendo, suplicó Luis.

–En esa hoja te dí los pasos básicos para aprender a meditar en la luz como los maestros **Kahuna** de las islas de Hawaii. Si sigues los pasos, vas a sentir la tranquilidad necesaria para abrir tu mente y recibir las respuestas a todas tus preguntas.

–Por ahora, te voy a pedir que confíes en lo que te digo, el estado físico y mental de tranquilidad suprema se llama **Hakalau**, es una forma de orar que usan los maestros del espíritu, no te hará daño, por el contrario, va a reducir el estrés que sientes en tu cuerpo.

Don Raúl sacó una libreta vieja de un librero y dijo: Esto hacen mis estudiantes como su primer tarea, te daré un ejemplo, fíjate bien cómo se hace.

Luis se acercó para ver mejor y ésto fué lo que vió:

11

Diario de Sueños

Sueño con una Familia:

Feliz, fuerte y sana. Me gustaría que todos en mi familia encuentren su camino a la dicha y que Dios siempre los ilumine.

Quiero lograr este sueño porque:

1. Deseo lo mejor para ellos.
2. Los quiero mucho.
3. Merecen ser felices.

–Todos tenemos idea de cómo nos gustaría que fuera nuestra vida, comenzamos a soñar desde pequeños, cuando somos inocentes y no tenemos prejuicios. Vas a tener diferentes tipos de sueños, hazte las mismas preguntas, una por una, y escribe lo que te venga a la mente. Sólo toma unos minutos y puede cambiar tu vida.

–¿Y si no me acuerdo de lo que soñé?

–Entonces invéntalo, usa la imaginación para crear la vida que deseas, afirmó don Raúl.

–Al principio de cada hoja escribí las frases que debes repetirte a tí mismo, una vez que te relajes, sigue mi ejemplo. Cuando acabes de escribir tus sueños, y antes de dormir, lee esta nota.

–Haz esto hoy mismo y cuando nos volvámos a ver te doy más detalles de lo que hiciste, dijo el maestro al darle seis hojas a Luis y caminar lentamente a la puerta.

–Voy a hacer esto hoy mismo, quiero dejar de vivir como hasta ahora, sé que puedo mejorar.

Luis se despidió sintiendo mucha emoción y aunque todavía no entendía lo que pasaba, algo le decía que las cosas cambiarían muy pronto.

2

¿Qué Te Trajo a los Estados Unidos?

Luis leyó las hojas una por una y se concentró hasta sentir la tranquilidad y paz que ofrece el estado de Hakalau. Esto fué lo que vió:

Hoy me atrevo a soñar, merezco ser feliz, pues si no lo soy, no podré dar lo mejor de mí mismo a mis seres queridos, fui creado a la imagen y semejanza de Dios, y Dios nunca comete errores. Tengo derecho a soñar, para eso Dios me dió alma, mente, y cuerpo perfectos, la sangre me circula, el corazón me palpita y respiro porque mi cuerpo es perfecto, ahora pienso en mi cuerpo...

Diario de Sueños   1

El Sueño para mi bienestar físico es:

Tener un cuerpo fuerte y sano para disfrutar mi vida.

Quiero lograr este sueño porque...

1. Sin un cuerpo sano perdería mis oportunidades de progresar.

2. Quiero ser feliz.

3. La salud física es importante.

Soy hijo de Dios y hoy me atrevo a soñar, la mente es como un músculo, entre más la uso, más fuerte y poderosa se hace, con una mente fuerte puedo superar cualquier obstáculo.

Tengo derecho a soñar. Para eso Dios me dió una mente que me mantiene atento al mundo que me rodea. Con mi mente aprendo y supero los problemas que se me presentan.

Luis escribió:

Diario de Sueños   **2**

Mi ideal de superación personal es:

Resolver mis problemas y cualquier conflicto que tenga.

Quiero lograr este sueño porque...

1. Soy una persona fuerte.

2. Quiero tener tranquilidad en mi vida.

3. Quiero ayudar a mis semejantes.

La siguiente hoja tenía escrito esto:

Soy hijo de Dios y hoy me atrevo a soñar, merezco ser feliz pues si no lo soy, otros seguirán mi ejemplo, especialmente mis seres queridos y los más vulnerables, los niños. Dios me dió las emociones para permitirme sentir el mundo, y puedo hacer daño a otros al perder el control.

Tengo derecho a soñar y desear una buena relación con las personas que me rodean, si pudiera tener Relaciones Humanas, mi visión sería:

Diario de Sueños   **3**

Sueño con estas relaciones con otros:

Llevarme siempre bien con las personas con que me relacione en mi vida.

Quiero lograr este sueño porque...

1. Necesito con quien compartir mi vida.

2. Para que la vida valga la pena hay que convivir con otros.

3. Quiero ayudar a mis semejantes.

Luis recordó sus sueños con gran facilidad. Siguió escribiendo y esto resultó en la siguiente página:

Hoy sueño con mi familia, tengo derecho a soñar y a ser feliz, mi situación familiar es el resultado de la manera en que actúo. Dios me ha dado la habilidad de soñar para pensar en mi familia ideal, si mis seres queridos tuvieran lo que sueño, serían fuertes, amables y felices.

Este sueño es de mi familia ideal, es la que siempre he soñado. Tengo derecho a soñar.

Diario de Sueños   **4**

Mi sueño para mi familia ideal es:

Que todos mis hermanos y hermanas se unan para crear un mundo donde sólo exista amor y paz

Quiero lograr este sueño porque...

1. Mi futuro depende de ello.

2. Los niños lo merecen.

3. Juntos podemos progresar.

Soy hijo de Dios y tengo derecho a disponer de la abundancia del fruto de mi esfuerzo.

Vivo en el país más abundante en la faz de la tierra, la prosperidad existe hoy como nunca en la historia del planeta, me encuentro en medio de una de las bonanzas económicas jamás antes vistas. Si pudiera disponer de esta abundancia, mi visión sería:

Diario de Sueños   5

Sueño con estos bienes materiales:

El dinero suficiente para poder ayudar a mi familia y a los menos afortunados.

Quiero lograr este sueño porque...

1. Quiero viajar por el mundo.

2. Para pagar mis cuentas a tiempo.

3. Para comprar la casa que quiero.

17

Todos los seres somos hijos de Dios, todo el mundo material nació de una idea, las ideas nacen en la mente, la mente nos fue dada por Dios, por lo tanto, todo en el mundo material viene de Dios. Entre más nutro y fortifico mi espíritu, más me acerco a Dios.

Si mi espíritu fuera ideal, mi visión sería:

Diario de Sueños   **6**

Mi sueño para mi bienestar espiritual es:

Acercarme más a Dios para poder amar a mis semejantes sin prejuicios.

Quiero lograr este sueño porque...

1. Quiero tener dicha y felicidad.

2. Creo en el mensaje divino.

3. Mi espíritu necesita amor y ternura.

Luis terminó de escribir sintiendo una gran alegría. Nunca antes había pensado en la vida de esta manera.

Aunque no entendía todo, pensó que don Raúl se lo explicaría.

Antes de dormir hizo un resumen de lo que aprendió, he aquí lo que escribió:

1. Para vivir mejor en este país, primero debo vivir en paz conmigo mismo.

2. Saber hablar inglés es importante, pero no lo es todo.

3. La gente de este país tiene el mismo tipo de problemas que tengo yo.

4. Las personas que progresan piensan de una forma distinta a la mía.

5. Todos pueden progresar si están dispuestos a seguir los siete pasos.

6. Estoy dispuesto a aprender.

7. Tomaré apuntes.

8. Seguiré los pasos al pie de la letra.

9. Mis problemas comienzan y terminan en mi mente.

10. Recordé mis sueños.

11. Deseo progresar.

12. El progreso comienza con una idea.

13. Soy hijo de Dios y merezco ser feliz.

14. Me fortaleceré física, mental y espiritualmente.

15. Aprendí a meditar como los maestros Kahuna.

16. La técnica de meditación se llama Hakalau.

Al terminar de hacer el resumen, Luis recordó la nota que le había dado don Raúl, al acostarse para dormir comenzó a leer. Esto decía:

19

De hoy en adelante antes de dormir procura leer esta nota. Es tiempo de dormir y darle el merecido descanso a tu cuerpo y a tu mente.

1. Acuéstate y cierra los ojos.

2. Respira profundamente pensando que cada vez que dejas salir el aliento, estás dejando ir tus preocupaciones.

3. Piensa en la hora en que te quieres levantar.

4. Afirma en la mente, la intención de levantarte a la hora que quieres.

5. Ahora piensa en tu cuerpo e imagina que puedes relajarte por partes, procura no moverte.

6. Comienza con los pies, las piernas y la cintura.

7. Sigue con tus hombros, tu espalda y tus brazos.

8. Finaliza con tu cabeza y cada parte de tí que no se ha relajado.

9. Piensa en lo que hiciste este día.

10. Déjalo ir a la distancia y piensa, en su lugar, en un paisaje tranquilo, sereno donde reina la paz.

11. Agradécele a Dios por otro día de vida.

12. Enfoca la atención en tu respiración y cuenta cada aliento.

13. Cualquier imagen que aparezca, que no sea de paz y tranquilidad, cambialo por el paisaje.

14. Imagina que lo que quieres va a llegar a su debido tiempo.

15. Sigue pensando en tu respiración y afirma tu intención de dormir y soñar con las soluciones a tus problemas.

Luis se quedó dormido con la libreta en sus manos.

20

3 *Primer Paso*

Hazte Cargo de Todo

Al día siguiente Luis despertó lleno de energía y contento de ir a ver a su maestro. Tocó la puerta pero no hubo respuesta, decidió esperar y leer su resumen cuando de promnto escuchó, desde la parte posterior del edificio:

–¡Luis, estoy acá atrás!

Era la voz de don Raúl que le llamaba del jardín. Luis se sorprendió al ver las flores, el pasto y los arboles que abundaban en lo que parecía una huerta. En una sección apartada, había juegos infantiles y dos bancas estilo "día de campo" donde seguramente muchas familias habían disfrutado del jardín. Don Raúl estaba sentado debajo de un enorme árbol.

–Buenos días Luis.

–Buenos días don Raúl, ¿cómo está?

–Amanecí muy bien, gracias, y tú, ¿cómo dormiste?, dijo sonriendo como si supiera el efecto que tendría su nota.

–Dormí muy bien, su nota me ayudó mucho.

–Sentiste la energía divina entrar en tu vida.

–¿Cómo?, preguntó Luis un tanto confundido.

–Pudiste dormir porque abriste una puerta que por mucho tiempo estuvo cerrada, cuando te relajaste y abriste la mente, entraste al estado de **Hakalau** e hiciste una conexión con Dios. Todos podemos soñar cuando queremos, manifestó don Raúl pausadamente.

–¿Dijo que ésto lo puede hacer cualquier persona?, pregunto Luis con curiosidad.

21

—Sí Luis, pero muchos decidimos no soñar porque nos preocupamos con los problemas actuales. Pensamos tanto en lo que nos aflige que olvidamos lo que soñamos.

—Entiendo lo que dice, expresó Luis.

—Vas a entender más en poco tiempo. Antes hablaremos de lo que hiciste anoche. Cuéntame todo, dijo don Raúl de forma casi infantil.

Luis abrió su libreta y comenzó a recordar los sucesos de la noche anterior.

—Tengo una pregunta, dijo Luis.

—Díme.

—A veces tuve problemas para entender lo que soñaba. Cuando algo se me ocurría, oía una voz que me decía: No vas a poder, ¿qué es eso?

Don Raúl se levantó y caminó hacia la banca diciendo: Cuando pensamos en nuestros sueños y sentimos que no los podremos lograr, es porque se ven muy lejanos. Nos decimos cosas como: "estoy muy viejo", "gente como yo no puede desear eso", y otras frases que sólo sirven para desanimarnos.

—Entonces, ¿qué puedo hacer?, dijo Luis.

—Primero, acuérdate de no juzgar lo que acuda a tu mente. Ese juez es la voz del ego y nunca te da paz.

—Eso hice don Raúl, de todas formas tuve pensamientos que antes no había tenido.

—Eso es porque estás acostumbrado a pensar de forma negativa, el ego se ha convertido en parte de tu esquema mental, y la voz del juez es lo que esuchas, más adelante te voy a enseñar a cambiar esta costumbre, dijo don Raúl.

—Espero que sea pronto, comentó Luis al tiempo que corría los dedos por el cabello.

—Por lo pronto te voy a enseñar a calmar esa voz que oyes por dentro, ¿de acuerdo?

—Sí don Raúl, eso lo necesito.

–Una de las mejores maneras de calmar la voz interna es dejando de buscar lo bueno, malo, bonito y feo de las cosas. Deja de juzgar y acepta todo lo que existe en tu vida, dijo el maestro al tiempo que miraba hacia arriba y respiraba profundamente, no es bueno ni malo, es el resultado de lo que has venido pensando y nada más.

–Voy a escribir eso, dijo Luis abriendo su libreta.

–Antes de escribir, mira a tu alrededor y nota que la naturaleza es perfecta, armoniosa y que trabaja sin esfuerzo. Todo lo que en ella existe vive sin hacer esfuerzo alguno, sólo *és*, y es todo.

–La naturaleza de las plantas es crecer sin esfuerzo, los arboles, viven en infinita paz y tranquilidad, las flores que ves en este jardín, todas por naturaleza, viven en un estado de perfecta armonía. Si observas a un bebé, te darás cuenta que su estado natural es paz, aceptación y bienaventuranza. El sol, dijo don Raúl mirando hacia arriba, por naturaleza brilla, la naturaleza humana es de manifestar nuestros pensamientos para que se conviertan en forma física.

–Entiendo don Raúl, dijo Luis un poco perplejo.

–La vida es como un río poderoso, que en vez de llevar agua, lleva energía y amor. Cada vez que juzgas tu medio ambiente o tu propia vida, creas una fricción que equivale a tratar de ir contra la corriente, y créeme, no puedes contra el río.

–¿Cómo puedo empezar a seguir la corriente?

–Habla contigo mismo usando un tono dulce, amable y con palabras que te apoyan. El ochenta y siete por ciento de lo que dice la gente en su mente es negativo y autodestructivo, comienza hoy a cambiar ese tono de voz.

–Piensa en esto Luis, si le hablaras a tus amigos con el mismo tono que usas para tí mismo, ¿tendrías amigos?

–No creo.

–Entonces, ¿por qué habrías de tener como enemiga a la única persona que te puede traer paz y tranquilidad?

Luis no supo que decir, y siguió escuchando.

–Lo principal lo hiciste al recordar a qué veniste, ahora vamos a hacer un exámen de la realidad, dijo don Raúl al sacar su libreta de una mochila de cuero.

–¿Un exámen?, protestó Luis.

–No es del que piensas, ya verás.

–¿Quiéres un agua fresca antes de comenzar?

–Sí don Raúl, gracias.

Luis sabía que iba a aprender algo nuevo y no solamente estaba curioso, sino también ansioso.

–Una vez escritos tus sueños, podemos dar el primer paso al progreso que dice: *debes hacerte cargo de tu vida y de tu condición actual.*

–¿Hacerme cargo?, preguntó Luis.

–Sí Luis, como te dije ayer, tú eres la persona que ha causado las condiciones en que vives, si no te gusta, puedes cambiar tu vida.

Don Raúl siguió hablando sin dejar que lo interrumpiera su estudiante.

–Recuerda que eres un ser infinitamente capáz de manifestar en forma física, todo aquello que piensas. Hasta ahora no te habías dado cuenta de esta habilidad y ahora debes aceptar lo que has manifestado.

–Entiendo don Raúl, dijo Luis.

–Mucha gente espera que otros les arreglen los problemas que ellos mismos se han creado, y acaban siendo víctimas de las circunstancias en sus vidas, en vez de dueños de ellas.

–Explíqueme eso, por favor, pidió Luis.

–Esta cultura acostumbra echarle la culpa a otros por sus problemas. Cuando jóvenes aprendemos que si las cosas no nos salen como queremos, es por culpa de otros.

–Si estamos gordos, es culpa de la comida; si no podemos leer, culpamos al maestro; si estamos tristes, es culpa de nuestra pareja; si en el trabajo nos va mal, es culpa del jefe. Siempre hay alguien a quien culpar.

–Bueno, pero muchas veces sí es culpa del jefe ¿no?

–No hay accidentes en este mundo; solo circunstancias que nos dan la oportunidad de aprender. Si piensas que las cosas andan mal por culpa de otros, pierdes el poder de corregirlas. Si regalas el poder de tu vida, ¿cómo vas a progresar?

–No sé, creo que sería difícil.

–No solamente sería difícil, si no tomas las riendas de tu vida, sería imposible progresar.

Luis sonreía, estaba comprendiendo.

–Díme Luis, ¿quién está cargo de tu mente?

–Yo.

–Claro que tú, ahora, si la mente crea todo comportamiento, ¿quién está a cargo de la manera en que actúas?

–Yo.

–Muy bien, si tú estás a cargo de tu mente, y estás a cargo de tu comportamiento, entonces, ¿quién es el encargado de tu vida?

–Creo que yo, don Raúl.

–Seguro que tú; puedes tener lo que deseas siempre y cuando sigas la corriente y te hagas cargo de todo, *todo en tu vida*. Esta es una verdad universal Luis; la felicidad comienza de adentro y se proyecta hacia el mundo.

Don Raúl estaba emocionado al ver que su aprendiz finalmente entendía.

–Todos tenemos el poder de vivir nuestra vida a plenitud. Cada vez que culpamos a otros, les regalamos la energía que se necesita para lograrlo.

–Cuando decimos que no tenemos control sobre las circunstancias perdemos la dirección a nuestro destino. Ese destino son tus sueños, dijo don Raúl al ver que Luis movía la cabeza en señal de acuerdo.

–Imagina que vas a tomar un vuelo de Chicago a Los Angeles, desde el despegue, el avión va desviado, el piloto tiene que ir modificando la dirección hasta el momento del aterrizaje; la mayor parte del tiempo el avión se va ajustando a las circunstancias del cielo, ¿me sigues?

–Sí, don Raúl, lo sigo.

–Entonces piensa en ésto, ¿qué pasaría si el piloto no hiciera los ajustes en el aire?

–Tendría problemas, contestó Luis.

–Exacto, porque estaría dejando volar el avión sin dirección.

–¿Entonces debo dirigir mi propia vida?

–Exactamente, cada vez que le regalas el poder de tu vida a otros, desvías su trayectoria. Si sigues dando el poder de tu vida a otros, puedes estrellarte igual que el avión.

–Para llegar a tu destino final tienes que hacerte cargo de todo lo que pasa en el vuelo.

–¿Entonces qué puedo hacer para mejorar?

–Lo primero es entender que tu vida está como está porque así has venido pensando. Y para progresar debes ser el responsable de todo y no culpar a los demás.

–¿Qué significa ser responsable?

Don Raúl tomó un libro y dijo: De acuerdo a los expertos, responsabilidad es la habilidad de tener una respuesta creativa a la situación como se presente. Todos los problemas contienen las semillas de la oportunidad, y pensar de esta manera te permite tomar el momento y transformarlo en una mejor situación.

–Cuando hagas esto, cada situación a la que llamas problema se convertirá en la oportunidad para la creación de algo nuevo y mejor. Cada persona que percibes como tirana se convertirá en tu maestro.

–Entiendo.

–Recuerda que la realidad que vives es una interpretación que aprendiste. Si eliges interpretar la realidad siendo el responsable de la misma, tendrás muchos maestros a tu alrededor, y muchas oportunidades para superarte. Cualquier persona o cosa que has atraído a tu vida trae consigo una lección, hay un significado oculto detrás de cada evento, y este significado oculto, está sirviendo para tu evolución personal, ¿entiendes Luis?

–Sí, entiendo.

–Entonces dime, ¿quién está a cargo de tu felicidad?

–Pues, yo.

–¿Quién está a cargo de tu éxito en el trabajo?

–Yo.

–Si te dan un ascenso en el trabajo, ¿quién es el responsable?

–Mi jefe, dijo Luis alzando el dedo.

–Eso crees Luis, tu jefe está a cargo de tomar la decisión, pero no está a cargo de cómo eres con los demás. Las decisiones de ascenso se toman en base a lo que haces, y tú estás a cargo de lo que haces, ¿no es cierto?

–Sí, es cierto, dijo Luis.

–Entonces, ¿quién está a cargo de tu ascenso?

–Yo, solamente yo.

–Si te haces cargo de todo puedes cambiar lo que no te gusta. Si otra persona es responsable de tu vida, entonces estás siendo manejado por los demás y pierdes la oportunidad de ser feliz por cuenta propia.

–Entonces, si quiero ser feliz, ¿debo hacerme cargo yo de todo en mi vida?

–Sí Luis, hazte cargo de todo y tendrás poder sobre las circunstancias. Ya lo decía **Shakespeare** cuando escribió: *"No hay nada malo o bueno: en el pensamiento está la selección"*. Tú controlas tus emociones incluyendo el amor, la ira, la tristeza y todas las demás.

–¿Pero qué pasa cuando alguien nos hace sentir mal?, preguntó Luis.

–Nadie te puede hacer sentir mal sin tu permiso, nadie tiene poder sobre tus emociones, solo tú.

–¿Entonces nadie me puede ofender?, indagó Luis.

–Nadie te puede ofender sin tu permiso, y para tener más poder sobre tu vida, no te dejes manejar por gente que, según tú, te quiere ofender.

–¿Cómo le hago?, dijo Luis interesado, quiero aprender ésto porque a veces me ofendo facilmente.

–Primero, entiende que la persona encargada de tus emociones eres tú, dijo don Raúl.

–Lo entiendo, si mis sentimientos se originan por la manera en que pienso, y la manera en que pienso la manejo yo, entonces solo yo puedo decidir como voy a sentir.

–¡Exactamente!, exclamó don Raúl.

–Pero a veces reacciono con furia y actúo sin pensar.

–Veamos, ¿quién está a cargo de tus reacciones?

–Estoy seguro que debo decir que yo, pero no sé si funciona así, exclamó Luis.

–Tu comportamiento es una costumbre, si alguien dice algo que te ofende, tu reacción será de molestia. Estás acostumbrado a reaccionar en cierta forma cuando lo que percibes es contrario a lo que piensas.

–¿Cómo puedo cambiar esta costumbre?

–Antes de cambiar una costumbre tenemos que saber que existe, luego hacernos cargo de ella.

–¿Pero cómo lo hago?, insistió Luis.

–Para cambiar tus reacciones debes comenzar a cambiar tus pensamientos. Comienza a actuar sintiéndote dueño de tus emociones, de tu destino y de tu vida. Imagina que eres capaz de reaccionar con amor, y lo podrás hacer.

Luis abrió los ojos y dijo: Si lo imagino, entonces poco a poco iré actuando como si fuera cierto, ¿verdad?

–Así es Luis, todo comienza con el pensamiento.

–¿Y si no puedo?

–Cambiar una costumbre emocional a veces es difícil porque somos muy buenos para justificarnos.

–¿Cómo nos justificamos?, preguntó Luis.

–Decimos que somos como somos por herencia, o porque la gente nos hizo así. Cuando justificamos nuestros defectos, los hacemos más fuertes, y perdemos el control de nuestra vida, y el poder para mejorar.

–Pero, ¿no es cierto que nuestra experiencia nos enseña como ser?, preguntó Luis pensando que había tocado un punto importante.

–Podemos hacer dos cosas con la experiencia: aprender o lamentar.

–Por ejemplo una pareja tiene problemas porque el marido no gana lo suficiente para mantener a su familia, explicó don Raúl.

–Bueno, ¿y...?

–El esposo puede hacer dos cosas; una, justificar su pobreza diciendo: "soy de una familia pobre y ese es mi destino," o hacerse cargo de su situación actual y decir: "ahora no gano lo suficiente, voy a buscar maneras de ganar más," dijo don Raúl mirando directamente a Luis.

–¿Entiendes la diferencia de pensamiento Luis?

–Si, entiendo.

–Por favor explícame lo que entendiste.

–Bueno, al pensar el esposo que es pobre porque así creció, le está dando el poder de cambiar su situación a las circunstancias del pasado, dijo con confianza Luis.

–En ese caso, ¿tendrá esperanzas de ganar más dinero?, indagó don Raúl.

–No, porque está aceptando su pasado como algo que es realidad para su futuro.

Luis se sorprendió con su propia respuesta.

–¡Muy bien Luis!, lo has dicho como todo un maestro, sigue, dijo don Raúl emocionado.

–Al pensar el esposo que va a buscar otras formas de ganar más dinero, es posible que lo logre, dijo Luis.

–¿Por qué es posible?, le preguntó don Raúl.

–Porque se está haciendo cargo de su situación actual al buscar maneras creativas de resolver su problema. Sabe que su pasado no puede dictar su futuro y que la decisión de ganar más dinero es de él.

–Muy bien, ahora díme, ¿qué pasa con la esposa?

–La señora se puede molestar con el marido y decir que es flojo e incapaz de mantenerla; ésto estaría mal porque lo estaría culpando por la manera en que viven.

Luis sentía que de verdad comprendía este principio y prosiguió, por otra parte puede entender la situación y ayudar a su esposo para buscar otra fuente de ingresos, al apoyarlo estaría haciéndose cargo de su situación, y así aumenta la posibilidad de tener lo que desean.

–Acuérdate de lo que aprendiste Luis. *En cada momento de tu vida puedes hacerte cargo de todo o puedes caer víctima de la circunstancias.* La decisión es tuya y de nadie más.

Don Raúl se sirvió más agua y al volver dijo: De hoy en adelante elimina la palabra *culpa* de tu vocabulario, no la vuelvas a usar.

–De acuerdo, asintió Luis.

4

¿Estás Satisfecho con Tu Vida?

−¡Vamos a comenzar con el examen!, dijo ansioso Luis.

−Anota en tu libreta, contestó don Raúl.

−Comencemos con tu *salud física*, del uno al diez, ¿cómo andas en esta área? ¿haces ejercicio?

−Sí, trabajo mucho todos los días, dijo Luis.

−El esfuerzo al trabajar es muy bueno, pero no suficiente, hablo del ejercicio como disciplina, del que se hace en un gimnasio, que fortalece los músculos y da energía, para no sentirte cansado todo el tiempo.

−¡Ah! comprendo, dijo Luis.

−¿Cuánto pesas?, ¿sabes cuál es tu peso ideal?

−Creo que necesito mejorar esta área.

−Compara el sueño de tu cuerpo físico ideal con el cuerpo que tienes ahora, ¿qué número le darías?, ¡Recuerda!, tus sueños valen diez.

−Creo que ya lo tengo, dijo Luis.

−Continuemos con tu superación personal, ¿cuánto ejercitas tu mente?

−Esta área apenas la estoy explorando, dijo Luis.

−Tu *superación personal* es muy importante porque aquí surgirán los pensamientos que determinarán tus acciones. Cuando lees, ¿lo haces para aprender o para entretenerte?

−Casi nunca leo, confesó Luis.

−Bueno, ¿qué tanto usas la mente para analizar las cosas?

31

–¡Ya don Raúl!, no me pregunte más, esta área deveras necesita atención, subrayó Luis.

–Pregúntate, ¿cómo andas en tus relaciones con otros?, ¿eres corajudo, triste, o te preocupas demasiado?

–Son muchas preguntas, dijo Luis.

–Sí, todo ésto constituye una necesidad de superación. Recuerda que *antes de conquistar al mundo debes conquistarte a tí mismo*, afirmó don Raúl.

–Tengo muchos deseos de superarme aunque a veces pienso que es muy difícil. ¿Me podría dar una definición de superación personal?, pidió Luis.

–Claro, *la superación personal es el proceso de mejoramiento continuo*. Es el querer ser mejor hoy que ayer, aprender de la experiencia y hacerse cargo de todo en la vida. Incluye tu desarrollo profesional y consiste en vivir actualizado y usar la información más reciente para hacer el trabajo diario.

–Pero soy obrero, dijo Luis.

–Si eres doctor, maestro o panadero, no importa. Cualquier trabajo es una profesión, aunque muchos creen que solamente las personas con título son profesionales y deben mejorar.

–No entiendo don Raúl.

–Si eres barrendero, te sientes orgulloso de tu trabajo y lo haces muy bien, ¿no te gustaría saber como hacerlo mejor?

–Yo creo que sí, titubeó Luis.

–¡Seguro que sí!, cualquier actividad que hagas, realízala como si fueras un experto, un profesional.

–¿Incluyendo el ser padre de familia?

–Especialmente si eres padre de familia, acertó don Raúl, tristemente, muchos se olvidan de aprender como hacer su trabajo de padres, y creen que la única forma de educar a sus hijos, es la forma en que a ellos los educaron.

–¿Entonces una mamá podría mejorar si pensara en su superación?, preguntó Luis.

–¡Claro que sí!, podría aprender a cultivar la autoestima de sus hijos para que cuando crezcan sean adultos fuertes, sanos y felices, dijo don Raúl.

–Por otro lado, *el desarrollo profesional* es la única garantía de éxito, ¿cómo es posible que alguien espere un mejor trabajo si no hace algo para conseguirlo? Muchos esperan un aumento de sueldo sin entender que para ganar más, hay que saber más.

El maestro siguió hablando.

–Cualquier trabajo que hagas puede mejorarse, bien sea como esposo, obrero o padre, todo puede mejorarse.

–Creo que ya entiendo, si soy obrero y quiero ser supervisor, debo aprender como hacerlo, entre tanto debo sentirme orgulloso de lo que estoy haciendo y hacerlo lo mejor que pueda, acertó Luis.

–¡Exacto!, dijo don Raúl sonriendo.

–Cualquier posición que tengas la puedes mejorar, ¿por qué haces tu trabajo como lo haces?, ¿por qué te recortan las horas?, ¿cómo puedes ayudar a tu empresa a tener más éxito?

–¿Entiendes tu desarrollo profesional?, preguntó don Raúl.

–Sí, si no quiero estancarme, tengo que mejorar, y para mejorar tengo que buscar maneras de aprender más sobre lo que hago, dijo alegremente Luis.

–¿Estás listo para lo que sigue?, preguntó don Raúl contento con el progreso de su alumno.

–¿Qué sigue?

–Vamos a hablar ahora de tus *relaciones con los demás*, con respecto a tu familia, ¿cómo te sientes?

–Creo que ando bien en esta área, dijo Luis.

–¿Cómo te llevas con tus compañeros de trabajo?

–Bien.

–¿Y tu relación con tu supervisor?

–No sé, creo que bien, dijo inseguro Luis.

–¿Tienes amistades?

–Ya entiendo, don Raúl, comentó Luis al escribir.

–Recuerda que nada se ha hecho por una sola persona. El gran cirujano que gana miles de dólares al año, no puede hacer su trabajo sin la ayuda de todo un equipo.

–Todos necesitamos el uno del otro para lograr lo que nos proponemos, desde un aumento de sueldo hasta la reparación del auto, necesitamos a otras personas. Las cosas se te facilitarán más si cultivas buenas relaciones con otros. Tal fue el caso de *Selena*, élla se distinguió por ser amable y gentil con sus semejantes, por eso la quiso tanta gente. Ahora sí, ¿cómo andas?, finalizó don Raúl.

–La verdad, no soy muy bueno para hacer amigos, confesó Luis, me reuno con mis compañeros de trabajo, pero fuera de allí, no tengo amistades.

Luis suspiró al darse cuenta que sus relaciones personales también necesitaban atención.

Don Raúl notó su preocupación y decidió contarle una historia a su joven estudiante, se levantó y dijo:

–Un hombre estaba cansado de vivir intranquilo y una mañana cuando oraba, tuvo una visión, se le apareció el Señor y le dijo:

–¿Qué te aflige hijo mío?

Asombrado el hombre exclamó: ¡Es el Todopoderoso!, y dirigiéndose a El, dijo: ¿Porqué nos has dejado solos?

–¿Qué te hace pensar que los he abandonado?, dijo el Señor.

–Tenemos muchos problemas, ¿por qué no los corriges?, dijo el hombre.

–Por medio de su voluntad, ustedes los han creado, por medio de su voluntad, ustedes los pueden corregir.

–La decisión de vivir felices o tristes es de ustedes, para eso les dí la voluntad, dijo el Señor con gran ternura.

–Pero, ¿cómo vamos a corregir tantos problemas?

–Para eso les dí el uno al otro.

***

Luego de una pausa el maestro continuó.

–Ahora sigue el área de tus finanzas y tu relación con el dinero, terminó don Raúl.

Luis no pudo contener una carcajada, ésta área estaba en muy, pero en muy malas condiciones, apenas alcanzaba para pagar la renta y para alimentarse.

–No me pregunte como ando de dinero, en esta área si que ando mal, manifestó Luis.

–Lo siento, dijo el maesrtro, pero se trata de analizar tu situación actual. Solo así podrás comenzar a mejorar.

–Entonces pregúnteme, dijo Luis.

–Hay suficiente dinero para todos y no hay falta de dinero, sólo personas que así lo creen.

–¿Qué tiene que ver lo que uno cree con lo que uno gana?

–¿Conoces gente que vive peleada con el dinero?, dicen que no hay para ellos, o que no nacieron para tenerlo, o que nunca han sido buenos para ganar lo que valen.

–Sí, conozco gente que piensa así, dijo Luis tratando de ocultar que él era uno de ellos.

–Uno de los problemas más grandes en la comunidad es que nosotros pensamos que entre más trabajamos, más ganamos, la verdad es que entre más se sabe y más se piensa, más se gana, explicó don Raúl.

–¿O sea que para ganar más debo saber pensar?

–Exactamente, otro de los grandes problemas que la comunidad tiene con el dinero es que no ahorra.

–Yo no tengo una cuenta de ahorros, confesó Luis.

–¿Entonces en dónde vas a guardar el dinero que quieres para regresar a México?

–No estoy muy seguro.

–Recuerda que el dinero llega a las personas que piensan de forma abundante y próspera.

–No entiendo.

–En vez de pensar que no hay, piensa que hay para todos, y que lo único que tienes que hacer es aprender a abrir su flujo hacia tí.

–¿O sea que la manera que pienso también afecta el dinero que tengo?, preguntó Luis.

–Contesta esa pregunta tú mismo, demandó el maestro.

–Si quiero tener, debo fijar esa idea en mis pensamientos, dijo un tanto inseguro Luis.

–Así es, también recuerda que si quieres tener dinero, debes administrarlo y hacerte cargo de él, un viejo refrán judío dice: *"puedes tener todo el dinero que quieras siempre y cuando no lo mal gastes,"* dijo don Raúl.

–Bueno, voy a calificar esta área.

–Antes que hagas eso, piensa, ¿cuánto ahorras? y ¿cuánto necesitas juntar para tu regreso a México?

–Ahorita no ahorro y no estoy seguro cuánto quiero, confesó Luis.

–Si no tienes el dinero que necesitas, piensa qué es lo que haces con lo que ganas, recuerda que se tiene que trabajar más para ser pobre que para ser próspero.

–¿Trabajar más para tener menos?, protestó Luis.

–Piensa en tu trabajo, ¿quién gana más?, ¿los obreros o los supervisores?, preguntó don Raúl.

–Los supervisores, claro.

–Ganan más y hacen menos con las manos porque se les paga por pensar y no por trabajar como tú.

–Todo comienza con mi mente y tengo que cambiar mi forma de pensar si quiero progresar.

–Así es Luis, vamos a trabajar mucho con tus pensamientos, pronto te vas a dar cuenta que el progreso es una idea, un paradigma que tiene que evolucionar primero en la mente, y después en el mundo físico. Entre tanto, escribe tu grado de satisfacción con respecto al dinero.

–Eso no fué difícil, dijo Luis al cambiar de página en su libreta.

–Ahora vamos a seguir con el área más importante en la vida de cada persona. Hablemos de tu relación con Dios y de tu bienestar espiritual, continuó don Raúl.

–Bueno, ¿qué quiere saber?

–Quiero saber si conoces a Dios, ¿cómo anda tu fe en el Ser Omnipotente?

–La verdad es que no tengo Dios, y nunca fuí muy devoto, contestó Luis con un tono de tristeza en la voz.

De pronto se levantó don Raúl y dijo:

–Todos los genios que ha dado el mundo han tenido diferentes misiones, unos fueron hombres de ciencia como **Einstein** y **Pascal**, otros fueron artistas como **DaVinci** y **Mozart;** luego tenemos a los maestros espirituales como **Buda, Ghandi** y **Jesucristo**, dijo don Raúl.

–Lo escucho don Raúl.

–Tuvieron tres creencias en común: primero, todos creyeron en un Ser Supremo, o sea, creyeron en Dios o tuvieron una idea de lo que era, dijo don Raúl.

–Siga.

–Todos sabían que podían pedirle ayuda cuando no encontraban solución a sus problemas, y aprendieron a establecer comunicación con El.

–¿Qué más?, dijo Luis interesado.

–Sabían que su misión en la vida era conocer y amar a Dios, dijo con firmeza don Raúl.

–Creo que conozco a Dios, continuó Luis.

–Recuerda la diferencia entre saber de Dios y conocer a Dios, la mayoría de las personas saben de Dios, de niños se les enseña que existe y crecen sabiendo de El, dijo don Raúl, conocer a Dios es notar y hacer honra a la magnífica obra de su creación, es saber que está en todo y en todos, incluyéndote a tí.

–Don Raúl tomó una biblia y se la dió a Luis diciendo: lée este verso, es San Juan, capítulo catorce, versículo veinte.

Luis leyó lo siguiente:

> "En ese día ustedes se darán cuenta
> de que yo estoy en mi Padre,
> y ustedes están en mí,
> y yo estoy en ustedes."

–Piensa en lo que acabas de leer Luis, Dios es parte de tí igual que es parte del resto del mundo. Esto es muy importante, dijo don Raúl alzando los brazos.

–Significa que para amar a Dios te debes amar a tí mismo y para comunicarte con él, debes saber comunicarte contigo mismo. Cuando le pidas ayuda, debes ir dentro de tí mismo y hacerlo. Está en tí y nunca podrás evitarlo, aunque por no creer, ignoras su gran amor y la felicidad de su grandeza.

–O sea que si no creo en Dios, ¿de todas formas está en mí?

–¡Absolutamente!, no puedes negar lo que eres Luis, dijo enfáticamente don Raúl.

–¿Eso quiere decir la gente cuando dice que las respuestas están dentro de uno?

–Sí Luis, eso quieren decir, don Raúl tomó la biblia y la devolvió cuidadosamente a su lugar en su mochila.

El maestro siguió hablando.

–El espíritu es lo más importante en la vida de todo ser humano, es importante conocer a Dios de la misma manera en que conoces a una persona del mundo físico, la energía que necesita tu espíritu sólo la vas a conseguir conociendo a Dios, concluyó don Raúl.

–Voy a calificar esta área, comentó Luis.

–Muy bien Luis.

Don Raúl tomó otro libro al notar que Luis se había quedado pensativo.

–¿Qué piensas Luis?

–Toda mi vida he pensado que Dios está en el cielo y yo estoy aquí, en la tierra, lejos de El, ahora me doy cuenta que siempre ha estado conmigo. Este examen me ha servido mucho para saber como anda mi vida.

–Yo lo hago por lo menos una vez al mes.

–¿Usted?

–No importa la posición que hayas alcanzado en la vida, siempre puedes mejorar, además, soy humano, dijo don Raúl sonriendo.

Mi Condición Actual

Califica el grado de satisfacción en cada área de tu vida circulando el número que le corresponde.
Bienestar Físico   1 ②3 4 5 6 7 8 9 10
Superación Personal   ①2 3 4 5 6 7 8 9 10
Vida Profesional   ①2 3 4 5 6 7 8 9 10
Relaciones Personales   1 ②3 4 5 6 7 8 9 10
Finanzas y Dinero   ①2 3 4 5 6 7 8 9 10
Bienestar Espiritual   ①2 3 4 5 6 7 8 9 10

Don Raúl hizo la última pregunta del día:

–Dime Luis, ¿quién es el encargado de tu vida?

–Lo soy yo, contestó Luis.

–¿Ahora tienes idea del rumbo que llevas?

–Sí don Raúl, nunca me había hecho estas preguntas.

–Muy bien, para nuestra próxima sesión nos veremos en la biblioteca, allí quiero enseñarte algunas cosas.

Luis hizo el resumen y ésto fue lo que escribió:

Resumen del Primer Paso al Progreso
Hazte Cargo de Todo

1. Tengo el poder de decidir qué hacer con mi vida.

2. Soy la única persona que puede cambiar mi vida y mejorarla.

3. Dios me dió la vida y el poder de controlarla.

4. Yo, y nadie más, dicto lo que soy y lo que hago.

5. Nadie me puede ofender sin mi permiso.

6. Mis sentimientos son el resultado de mis pensamientos.

7. Decido tomar lo bueno de mis experiencias.

8. Mi pasado no puede dictar mi futuro al menos que así lo quiera.

9. En cada momento de mi vida puedo hacerme cargo de todo.

10. Califiqué mi vida y no estoy satisfecho.

11. Para mejorar, primero lo decido y luego actúo.

12. La superación es el proceso de mejoramiento continuo, el ser mejor hoy que ayer en cada área de mi vida.

13. Cualquier trabajo puede mejorarse, soy profesional, cualesquiera que sea mi trabajo.

15. Las relaciones humanas son un pilar del progreso.

16. Para ganar más dinero debo saber más sobre lo que hago.

17. Si no me alcanza el dinero que gano, es por la manera en que pienso acerca del mismo.

18. Quiero conocer a Dios y no solo saber de él.

19. Meditaré en cada oportunidad usando la técnica de Hakalau.

Cómo Hacer que el Primer Paso Forme Parte Mi Vida

Este es un proceso interno y se usa la mente para llevarlo a cabo. Las preguntas que debo hacerme ante cualquier circunstancia adversa son:

a) ¿Qué hice para causar este sentimiento en mí?

b) ¿Qué hice para enseñarle a los demás a tratarme así?

c) ¿Qué soluciones positivas tiene este conflicto?

d) ¿Cómo puedo responder de una manera amable?

e) Si no entiendo lo que pasó, ¿qué significado oculto habrá por conocer? Meditaré hasta encontrarlo.

Esto fue lo último que escribió Luis en su libreta:

Reconozco que tengo la habilidad de provocar sentimientos y emociones en mí que a veces me hacen sentir mal. Esta es una indicación de que necesito aprender una forma nueva de reaccionar a las circunstancias de mi vida, así podré expresar mi esencia divina al mundo.

El vivir como un ser puramente reaccionario hace que me confunda y pierda el rumbo de mi vida.

Tengo poder sobre las circunstancias ya que yo mismo las provoco.

> Cuando culpo a Otros
> o a las Circunstancias
> por lo Que Siento,
> o por Las cosas que Pasan,
> Hago Más Fuerte,
> Profundo y Grande lo que Siento
> y Pierdo la Oportunidad de
> Corregir mis Problemas.

5 *Segundo Paso*

Piensa en lo que Quieres, y Cómo lo Quieres

Hacía un poco de frío la tarde en que Luis quedó de verse con don Raúl. Decidió esperar en las escaleras de la biblioteca porque no le gustaban los libros. Hasta hoy sólo había visitado una vez una biblioteca, cuando era estudiante.

Sentía alegría con lo que estaba aprendiendo aunque no estaba seguro de lo que estaba pasando, nunca había pensado en la forma en que le enseñó don Raúl y aunque no estaba satisfecho con su vida actual, sabía que mejoraría.

Al esperar que apareciera la figura de su maestro pensó que sabía muy poco de este misterioso hombre.

De pronto alguien exclamó, ¡buenas tardes Luis!

Era la voz de su amigo y maestro.

–Buenas tardes don Raúl, ¿cómo está?, dijo Luis sin ocultar el gusto que sentía al verlo.

–Estoy muy bien, llegas temprano, notó don Raúl, esa es una buena seña de tu compromiso por mejorar.

–Quería preguntarle algo antes de entrar.

–Sí, díme.

–¿Cómo se que necesito mejorar?

–La mejor prueba es pensando tu forma de pensar. Si dependes de otros para ser feliz, si piensas en función de como deberían ser las cosas, si sientes mucho miedo u odio hacia algo o alguien, necesitas un cambio.

Entraron a la biblioteca y don Raúl respiro profundamente diciendo:

–Recuerdo el viejo proverbio indio que dice: *"Un libro es un cerebro que habla; cerrado, un amigo que espera; olvidado, un alma que perdona; destruido un corazón que llora..."* Don Raúl miró a Luis y dijo: Respeta estos lugares, aquí puedes encontrar a los maestros más destacados de la historia, éste es el templo de la mente.

Luis siguió a su maestro por el interior de la biblioteca, nuevamente maravillado por la cantidad de libros que veía. Al encontrar un lugar donde sentarse, don Raúl dijo: Antes de comenzar la sesión de hoy, quiero que me hagas un favor.

–Claro, don Raúl, ¿cuál es?

–Cierra los ojos y piensa en una lima, grande y verde.

–Bueno, ya estoy pensando en la lima.

–Ahora imagina que la estás partiendo a la mitad con un cuchillo brillante y filoso, dictó don Raúl.

–Está bien, ya la partí, dijo Luis acomodándose en la silla.

–Ahora imagina que con la mano izquierda levantas una mitad de la lima y con la derecha le pones mucha sal.

–Muy bien, le estoy poniendo sal a la lima, dijo de forma divertida Luis.

–¿A qué huele?

–Huele a lima, respondió Luis.

–Ahora toma la lima y ¡dále una mordida!, exclamó el maestro.

–Ya la mordí, respondió Luis, haciendo un gesto.

–Puedes abrir los ojos, al verte el rostro me doy cuenta que hiciste lo que te pedí.

–¿Qué hice?

–Lo que acabas de hacer en la mente es la base del segundo paso al progreso. Este paso dice que *debes pensar en lo que quieres y cómo lo quieres tener.*

–No entiendo, por favor explíquemelo.

–Tenemos tiempo para repasar este paso, antes, quiero que me des un resumen de lo que has aprendido hasta ahora y quiero contestar tus preguntas.

–Bueno, ¿puedo ver mis apuntes?, pidió Luis.

–Por ahora ¡no!, hazlo de memoria.

–Bueno, lo voy a intentar, dijo Luis, primero, aprendí que para hacer cualquier cosa necesito recordar y apuntar mis sueños sin juzgar lo que me viene a la mente, y que al hacer ésto, en realidad hago una conexión con la fuerza divina.

–Muy bien Luis, continúa.

–Debo seguir la corriente dejando de juzgar lo que me rodea. Después, hice un examen de la realidad.

–¿Para qué hiciste ese examen de la realidad?

–Para saber el nivel de satisfacción que tengo, y descubrí que no estoy muy satisfecho con mi vida, y decidí mejorar.

–¿Cuál es el primer paso al progreso?

–El primer paso es *ser responsable uno mismo de su propia vida.*

–Si tu vida no es como quieres, ¿de quién es la *culpa?*, preguntó don Raúl esperando una respuesta digna de su aprendiz.

–No es *culpa* de nadie, la palabra *culpa* la eliminé de mi vocabulario, lo que existe en mi vida está allí por la manera en que pienso, eso es todo.

–¿Cómo se llama la forma de meditación del **Kahuna**?

–Se llama **Hakalau**, respondió Luis cerrando los ojos y alzando los brazos.

–Muy bien Luis, aprendes muy rápido, parece que entendiste el primer paso.

–Sí don Raúl, al entender que soy el encargado de mi vida, sé que puedo hacer lo que quiera.

45

–Hoy vamos a comenzar a afinar tu habilidad de pensar, dijo orgulloso don Raúl.

–Volvamos al segundo paso; *piensa en lo que quieres y cómo lo quieres tener.*

–Sí don Raúl, por favor explíqueme lo que acabo de hacer, pidió Luis al cambiar de página.

–La sabiduría de todos los tiempos, habla de esta manera de pensar, en **Proverbios** 23:7 la biblia dice *"Porque cual es su pensamiento en su alma, tal es él".* Los sabios como **Descartes** decían: *"Yo pienso, por lo tanto soy".*

–He oído ese dicho, dijo Luis.

–Sí, ésto lo vimos en la segunda sesión, ahora tenemos que practicarlo para que lo apliques a tu vida.

–Estoy listo, dijo Luis al acomodarse en su silla.

–Recuerda lo que pasó con la lima, al pensar claramente en la fruta y hacer imágenes en la mente, sentiste que la boca se te ensalivó, ¿no es así?

–¿Quiere saber si deveras sentí que estaba mordiendo una lima?

–Sí Luis, ¿sentiste que la boca se te hacía agua?

–Sí, era como si deveras hubiera mordido esa lima, comentó Luis al volver a sentir la sensación de un sabor agrio en la boca.

–Con sólo pensarlo puedes volver a provocar esa reacción en la boca, ¿no es así?

–Sí.

–Bueno, acabas de probar la primera ley del pensamiento, *tu cuerpo reacciona a todo lo que piensas,* dijo don Raúl.

–¿Eso qué quiere decir?

–Cualquier pensamiento que mantengas en la mente provoca una reacción física en tu cuerpo.

–¿Lo que sea?, preguntó Luis.

–Si, lo que sea, aunque la lima no existe, reaccionaste como si la tuvieras en la boca.

–Entiendo, pero ¿qué puedo hacer con ésto?, dijo Luis.

–Primero, recuerda que lo que mantengas en el pensamiento va a causar una reacción en tu cuerpo, ¿de acuerdo?

–Sí, don Raúl.

–En segundo lugar, comienza a hacerte cargo de los pensamientos que mantienes en la mente, continuó don Raúl.

–¿Cómo?

–Dáte cuenta de como te sientes, si lo que sientes no te gusta, entonces cambia lo que estás pensando.

–O sea que si me siento triste, ¿puedo cambiar lo que pienso por algo alegre?, indagó Luis.

–Sí Luis, esta es la segunda ley del pensamiento.

–¿Cuál es la ley?, no la apunté, pidió Luis.

–La ley dice que *los pensamientos dan orígen a los sentimientos*, toda emoción comienza en los pensamientos.

–Eso lo entiendo.

–Recuerda la última vez que estuviste triste, lo más probable es que pensabas en situaciones que causaron pesar en tu vida, si pensaste en ésas cosas por mucho tiempo, ¿qué provocó tu tristeza?

–En ese instante fui yo quien la causó, concluyó Luis.

–¡En todo instante eres tú quien la causa!

–Por favor, enséñeme mas de ésto don Raúl.

–La siguiente ley del pensamiento dice que *tu mente es como una grabadora fiel*.

–¿Una grabadora como la tocadora de casetes?

–Sí Luis, funciona igual.

–No se si entiendo.

–Tu mente almacena todo lo que has vivido en todos los días de tu vida, quedando todo en tu memoria, por eso puedes recordar lo que aprendiste cuando eras niño, dijo don Raúl.

–¿O sea que mi grabadora mental me dice como hacer las cosas?

–No sólo eso Luis, sino también como interpretar la realidad, lo que es bueno y malo y lo que es importante, todo está en tu memoria. Aprendemos a comportarnos de acuerdo a lo que vemos, sentimos y escuchamos cuando somos niños.

–Aprendí a ser como soy, ¿según lo que viví de niño?

–Si Luis, lo bueno es que si no te gusta lo que tienes grabado en los casetes, lo puedes cambiar, puedes regrabar la cinta para que toque una canción diferente.

–¿O sea, si tuve una experiencia que me traumó, la puedo cambiar por una más agradable?, dijo Luis.

–Exactamente, ésto se llama programación mental.

–¿Cómo se hace?

–Cuando quieras cambiar una costumbre mental, por ejemplo, si alguien te dice que no eres bueno para hacer tu trabajo, tu podrías estar acostumbrado a responder con ira. Si lo quieres cambiar, entonces podrías usar tus facultades mentales para hacerlo.

–¿Porqué es tan importante aprender a responder mejor?, preguntó Luis.

–Imagina que tu cuerpo es como un recipiente que genera, almacena, y distribuye energía. Cuando respondes a cualquier comentario con sentimientos negativos, te conviertes en una coladera, dejando ir tu energía por todos lados, y te debilitas física, mental y emocionalmente. También puedes imaginar que la luz de tu alma se apaga un poco cada vez que piensas negativamente.

Don Raúl siguió explicando.

–Cualquier actividad, especialmente el progreso, consume mucha energía, y la pierdes al enojarte con los demás. Además, si quieres tener una familia contenta debes ser una persona alegre, positiva.

–Si quieres que tus hijos sean miembros productivos de la sociedad, entonces debes enseñarles a responder con amor a las palabras de otros. Usa la mente para tu bien en lugar de para hacerte daño, dijo don Raúl al mirar lo que escribía Luis.

–Un hombre sabio dijo: *"Puedes ser el dueño de tu mente o esclavo de ella, tú decides."*

–Parece que todo el tiempo estoy decidiendo, comentó Luis.

–Así es, somo seres con infinitas posibilidades y estámos en constante movimiento, decidiendo a cada instante, la dirección de nuestro pensamiento y de nuestra vida.

–Déme un ejemplo, pidió Luis.

–Supongamos que cuando alguien te habla con cierto tono de voz, te enojas, y vamos a suponer que quieres cambiar tu forma de reaccionar.

–¿Cómo supo que me da mucho coraje cuando me hablan de cierta manera?, dijo Luis al notar la utilidad de esta técnica.

–Muchas personas se enojan o se entristecen cuando no les gusta como les hablan, dijo tiernamente don Raúl.

–Por favor, enséñeme como reaccionar de otra manera.

–Las reacciones nuevas son hábitos a los que nos tenemos que acostumbrar. Para hacerlo hay que repetir varias veces el nuevo comportamiento en la mente.

–Haz esto, dijo don Raúl al poner un papel en la mesa que tenía escrito lo siguiente:

Técnica para Programar la Mente

1. Hazte cargo de tu reacción, tú la creas.

2. Piensa en como te gustaría responder.

3. Practica en tu mente una manera diferente de responder.

4. La próxima vez que oigas el tono que te molesta, piensa y mírate reaccionando como quieres.

5. Repite la cinta con tu nueva reacción.

6. Haz la imagen más grande y acércala a tí.

7. En tu mente, escucha tu propia voz diciéndote que has cambiado tu manera de responder.

8. Siente paz al saber que eres dueño de tu mente.

9. Repite este proceso hasta que se te haga una costumbre.

10. Perdona y aprende de aquellos que te hablan de esa manera que te disgusta.

–¿Sólo tengo que repetir frases y hacer imágenes?, dijo Luis al ver lo fácil que era la programación mental.

–Si Luis, pero debes seguir todas las leyes del pensamiento que vas a aprender en esta sesión y también tienes que estar dispuesto a dejar de ser como eras.

–Claro que estoy dispuesto, ¿por qué habría de querer quedarme triste?, preguntó intrigado Luis.

—Muchas personas se entistecen porque es su única forma de llamar la atención, si no aprenden otra, entonces va a ser difícil cambiar y progresar, ¿dónde crees que aprende la gente a ser triste?

—En la infancia, acertó Luis.

—Exactamente, cuando somos niños y nos entristecemos, casi siempre recibimos amor y atención. Al crecer, porque ya está en nuestra grabadora, nos ponemos tristes cuando queremos amor y atención. La necesidad errónea de darnos importancia nos lleva a este extremo, ¿entiendes?

—Sí don Raúl, es algo así como aprender a andar en bicicleta, lo que bien se aprende no se olvida, dijo Luis pensando en su forma de ser.

—No se olvida pero se puede cambiar para sentirse mejor, continuó don Raúl.

—Esto lo podemos hacer con cualquier sentimiento y con cualquier clase de problema.

—Lo voy a practicar, asintió Luis.

—Cuando lo hagas, recuerda entrar a Hakalau, esto ayuda a enfocar la mente para cambiar rápido.

—¿Cuál es la cuarta ley del pensamiento?, preguntó Luis despues de una pausa.

—La cuarta ley dice que *todo lo que mantengas en la mente crece y se expande,* dijo don Raúl indicando que Luis debería escribir.

—Todo lo que mantengo en la mente crece y se expande, repitió escribiendo.

—Vamos a explorar esta ley, dijo don Raúl.

—Bueno, ¡eso me gusta!

—Díme un nombre, el que sea, pidió don Raúl.

—¡Goyo!

—Muy bien, vámos a hablar de tu amigo Goyo y vas a ver las cuatro leyes del pensamiento en acción.

51

–¿Qué tiene Goyo?, preguntó Luis.

–Si Goyo tiene problemas con su esposa, ¿cómo crees que está pensando?

–Es posible que esté pensando en lo mal que lo trata y en lo desagradable que es discutir con ella, dijo Luis como si conociera a Goyo personalmente.

–Muy bien, la primera ley dice: *el cuerpo reacciona a lo que se piensa.* De acuerdo a lo que piensa Goyo, ¿qué estará sintiendo en su cuerpo?, preguntó don Raúl.

–Seguro que siente un nudo en el estómago cuando piensa en su esposa, o en la discusión que tuvo.

–Bien, la segunda ley dice: *los pensamientos dan origen a los sentimientos,* continuó don Raúl.

–El nudo que tiene en el estómago ha de ser por su angustia o coraje.

–Y porque Goyo no conoce las leyes del pensamiento, está usando su grabadora para ver, en la mente, los sucesos *una y otra vez,* ¿cómo crees que lo hace sentir?

–¿Está repitiendo en su mente la discusión con su esposa?, seguro se siente muy mal.

–Y la última ley dice: *todo lo que mantengas en el pensamiento crece y se expande.* Goyo está haciendo más grande el problema al pensar en su esposa de ese modo, se siente mal y cree que es culpa de ella, continuó el maestro, ahora díme, ¿cómo puede hacer Goyo para que desaparezca este problema?

–Pensando que su esposa está haciendo lo mejor que puede e imaginando en la mente que tiene una relación pacífica con ella. También dejando de pensar que la "*culpa*" es de su esposa, dijo Luis.

–*Esto se puede hacer con cualquier problema y cualquier circunstancia, recuérdalo,* dijo el maestro con una voz profunda y amorosa.

Luis se quedó pensativo al escribir en su libreta.

6

Eres Dueño de tu Mente

–La quinta ley del pensamiento dice: *la mente no sabe la diferencia entre lo real y lo imaginario*, dijo don Raúl mirando a Luis con expectativa.

–Esta la puedo descifrar yo, respondió con confianza el aprendiz.

–Adelante Luis.

–Cuando estaba imaginando la lima, no era real, solo la imaginaba y logré que se me hiciera agua la boca. Los pensamientos, imaginarios o reales, provocan reacciones en el cuerpo.

–Hacemos lo mismo cuando distorsionamos la realidad con celos y nos sentimos mal, dijo el maestro.

–Soy bueno para crear celos, dijo sonriendo Luis.

–Toda creatividad requiere de distorsión Luis. Usa la tuya para sentir y actuar de forma amorosa, dijo don Raúl con un tono que adivinaba advertencia.

–La siguiente ley del pensamiento dice: *la mente no entiende cuando se le dice "no"*.

¿Qué significa ésto?

–Voy a pedirte que me digas qué imágenes te vienen a la mente al decir estas oraciones, la primera es: no pienses que está lloviendo afuera.

–¿Quiere saber en qué pienso?, preguntó Luis.

–Sí Luis, para entender esa oración, ¿qué tuviste que pensar?

–Que está lloviendo afuera.

–La que sigue es, no pienses en un carro rojo.

—Pienso en un carro rojo.

—Ahora, no pienses en un árbol azul.

—Pensé en un árbol azul.

—Pero te pedí que no pensaras en el árbol azul, ¿por qué piensas en un árbol azul?

—No sé, no entiendo, dijo Luis.

—Piensas en lo que digo porque tu mente *no entiende información negativa*, no entiende cuando le dices que no.

—Es muy evidente con los niños, si les dices que no salgan de la casa, ¿que hacen?

—Piensan en salir y lo tratan de hacer, dijo Luis.

—Exacto, *la mente no entiende información negativa*, los niños son perfectos y nosotros los culpamos cuando somos *nosotros* quienes no sabemos pedirles lo que queremos.

Don Raúl siguió examinando a Luis, ¿en qué tienes que pensar cuando te digo que no llegues tarde?

—En llegar tarde, dijo Luis entendiendo.

—Recuerda, tu mente *no puede entender información negativa*, habla y piensa solamente en lo que quieres y cómo lo quieres tener, porque así se te van a dar las cosas, dijo don Raúl.

—Cuando dices, espero no levantarme tarde mañana, ¿qué órdenes le das a tu mente?

—Espero levantarme tarde mañana, respondió Luis.

—Si te dices que no quieres tener problemas en el trabajo.

—Le pido problemas a mi mente.

—Recuerda que tu mente sigue fielmente las órdenes que le das, es necesario respetar la manera en que funciona y tratarla de la manera más tierna posible, dijo seriamente don Raúl.

—Está bien, entiendo.

–Si te pido que no te preocupes, ¿qué órdenes recibe tu mente?

–Me está pidiendo que me preocupe.

–¿Entiendes lo que acabas de hacer, Luis?

–Si, don Raúl, parece fácil.

–Para progresar, también debes hacerte cargo de la manera en que pides las cosas. Deja de culpar a los demás cuando hacen lo que no quieres, tú así lo pediste.

Luis miraba con asombro a su maestro. Había entendido el significado de la comunicación, y después de una pausa, el maestro siguió hablando.

–Para entender algo, puedes hacer seis cosas con tu mente: crear imágenes, dibujos o retratos, escuchar sonidos, probar sabores, oler aromas, procesar información y crear emociones. Así funciona la mente de todos.

–Eso lo acabo de apuntar, contestó Luis.

–Las funciones más útiles para hacer cambios son las imágenes y los sonidos.

–Bueno, dijo Luis al circular imágenes y sonidos en su libreta.

–Cuando quieres hacer más grande un sueño, haz más grande la imagen en tu mente.

Don Raúl siguió explicando.

–Haz la imagen del tamaño de una pantalla de cine y agrégale colores brillantes y fuertes, acerca la imágen a tí, pónle música y voces que la apoyen, y verás como creas un sentimiento de deseo y motivación.

–¿Quiere que haga ésto con mis sueños?

–Sí Luis, la gente vive aburrida porque sus sueños los tienen del tamaño de un timbre postal. Con pensamientos tan pequeños de lo que quieren, con razón viven desconsolados.

–¿Entonces puedo motivarme a vivir más contento si hago más grande el tamaño de mis pensamientos?

–Exacto, así funciona de manera positiva la mente.

–Hábleme un poco más de las imágenes, pidió Luis.

–Funcionan de acuerdo a tu atención. Tu atención es como una linterna en la oscuridad que ilumina aquello que te interesa. Cuando fijas la atención en algo, entran en efecto las leyes del pensamiento. También puedes manipular las imágenes y las puedes hacer del tamaño que quieras, ¿de qué tamaño crees que tienen la pantalla interna las personas con grandes problemas?

–Han de tener su pantalla interna grande y cerca, con imágenes que causan pesares, replicó Luis.

–Por eso dicen que sus problemas son grandes, porque así los ven en la mente. Para eliminar los problemas, tienen que comenzar haciendo más pequeñas las imágenes, esto les da la paz que necesitan para pensar con claridad, y encontrar soluciones objetivas. Hazlo ahora mismo con algún problema que tengas.

–Bueno, voy a hacer más chica la imagen de no poder pagar mis cuentas, le voy a quitar los colores y le voy a reducir el volumen a las voces que oigo, afirmó Luis.

–Así es como se superan todos los problemas.

–Sí don Raúl, eso voy a hacer con mis problemas, y al mismo tiempo aumentaré el tamaño de mis sueños.

–Y cuando te hables a tí mismo, ¿qué vas a decir?

–Voy a usar una voz dulce, tierna y sin juzgar, de forma que me haga sentir bien, dijo Luis al entender al fin todo.

–Y cuando la pantalla de tu pensamiento y la voz interna se hagan negativos, ¿qué vas a hacer?

–Voy a detenerme y cambiar todo por lo que deseo.

–Esto toma un poco de práctica, pero al hacerlo costumbre, no podrás pensar negativamente, y vas a lograr la paz interna.

–Muy bien Luis, la siguiente ley del pensamiento dice, *lo que digas de tí y de otros se convierte en parte de tu esquema mental, por lo tanto, en parte de lo que haces.*

–¿Cómo?, dijo Luis confundido.

–Esta ley es fácil de entender, dice que lo que tú pienses, sea bueno o malo, de tí y de otros, *se convierte en parte de tu esquema mental*, dijo don Raúl pausadamente.

–¿O sea que mi mente trata todo lo que digo como si fuera la realidad para mí?, preguntó Luis.

–Exactamente, si dices que tus prójimos son mediocres o sinvergüenzas, es igual a decir que lo eres tú. Tu mente acepta TODOS tus pensamientos como si fuera algo que deseas y acaba dándotelo.

–Tengo que cuidar lo que digo, ¿verdad?

–No necesariamente, sólo tienes que cuidar lo negativo. Si estás acostumbrado a hablar mal de los demás, aunque sea en la mente, entonces es buena idea tener cuidado.

–¿Qué crees que pasa cuando pensamos que nuestra pareja nos va a abandonar?

–Acaba por ser realidad, dijo Luis con tristeza.

–Exacto, pero uno mismo lo provoca, a ésto tambien se le conoce como la ley del **Karma** o la ley de **Causa y Efecto**, que dice que cada *acción genera una fuerza de energía que regresa a nosotros.* Has oído el dicho: *"lo que siembras, cosechas,"* ¿verdad?

–Sí, pero no sabía que tiene que ver también con lo que pienso, dijo Luis desconcertado.

–¿Qué viene antes de cualquier acción?, preguntó don Raúl con un tono preocupado.

–Los pensamientos crean toda acción, murmuró Luis.

–Si quieres amor, siémbralo; si quieres atención, brinda atención; si quieres dinero, ayuda a los demás a tenerlo; si quieres paz, brinda paz.

–Esta es una ley universal y no falla, y la mejor forma de aplicarla, es ayudando a otros a tener lo que buscan. Si ayudas a los demás a tener lo que desean, la abundancia del universo será para tí.

Don Raúl alzó la mano izquierda y siguió.

–Por otra parte, si criticas a los demás estarás condenado a recibir de igual forma lo que mandas. Existe un sistema de contabilidad infalible en el universo, y toda acción, TODA se te regresa de igual forma, piénsalo Luis.

–*El Buda* decía a sus discípulos: *"No serás castigado por tu ira, será tu ira tu castigo"*.

Luis recargó la barbilla en su mano.

–Por último, recuerda que tu mente tiende a acostumbrarse a las circunstancias de tu vida. Es preciso que siempre aprecies lo que tienes y que vivas con una actitud de agradecimiento, especialmente con tus seres queridos, porque los puedes perder, dijo don Raúl interrumpiendo los pensamientos de Luis.

–A eso se refiere el refrán: *uno no sabe lo que tiene hasta que lo pierde*, ¿verdad?

–Así es Luis, aprecia siempre lo que tienes.

Luis suspiró y se quedó pensativo.

–Al mismo tiempo, cuestiona todo aquello que te daña y te roba energía.

–Recuerda que cada relación es de dar y recibir, el dar engendra el recibir, y recibir engendra el dar. Todos los seres vivos deben dar algo para recibir algo. El hecho de respirar es un ejemplo muy claro.

–¿Al respirar estoy dando de mí mismo?

–Sí Luis, tomas oxígeno del medio ambiente y devuelves lo que necesitan los árboles para vivir.

–Das y recibes, continuamente y cuando no lo haces, cortas una de estas fuerzas, y el flujo de energía no llega a tu vida.

–Cada vez que puedas, regala una sonrisa, una bendición, o un saludo, *cualquier cosa que es de valor en la vida solamente se multiplica cuando se da.* Si quieres algo, lo tienes que dar primero, terminó don Raúl.

–¿Y si no sé qué es lo que quiero?

–Vuelve a escribir tus sueños y medita por más tiempo, pronto vas a saber lo que quieres, ten paciencia.

–Me siento muy contento con lo que acabo de aprender, voy a quedarme aquí para hacer el resumen.

Don Raúl le dió una targeta con un escrito, y dijo, recuerda esto:

> Tienes el poder de decidir
> qué hacer con tus
> pensamientos.
> Todo está en tu mente.

Luis leyó la targeta y comenzó a hacer el resumen de la sesión de hoy. Al terminar ésto fué lo que escribió:

Resumen del Segundo Paso al Progreso
Piensa en lo que Quieres, y Como lo Quieres Tener

1. Visité el templo de la mente.

2. Seguiré visitando la biblioteca.

3. Aprendí las leyes del pensamiento incluyendo:
   a) Mi cuerpo reacciona a todo lo que pienso.
   b) Los pensamientos le dan origen a los sentimientos.
   c) Mi mente es como una grabadora fiel.
   d) Todo lo que mantengo en la mente crece y se expande.
   e) Mi mente no sabe la diferencia entre lo real y lo imaginario.

f) Mi mente no entiende cuando le digo "no".

g) Lo que pienso de mí mismo y de otros, se convierte en mi esquema mental y en mi comportamiento.

5. Cuando era niño, aprendí muchas cosas equivocadas de mí mismo.

6. Puedo ser dueño de mi mente o esclavo de élla.

7. Aprendí una técnica facil para programar mi mente.

8. Me haré cargo de lo que pido.

9. Me puedo motivar haciendo las imágenes de mis pensamientos más grandes y acercándolas a mí.

10. Conocí y ahora aplico la ley del Karma.

11. Lo que siembro es lo que cosecho.

12. Existe en el universo un sistema de contabilidad infalible.

13. Para recibir lo que quiero, primero lo tengo que dar.

14. Saludo con amor a todo aquello con lo que me pongo en contacto.

Al salir de la biblioteca Luis sintió el aire frío en el rostro como un refrescante recordatorio que había aprendido mucho esa tarde. Volvió a su casa dispuesto a seguir estudiando.

Examina Lo Que Crees de Tí y de Otros

Luis encontró a su maestro en el Jardín la mañana cuando lo fue a ver.

–¡Buenos días maestro!, dijo muy contento.

–¡Buenos días!

–He aprendido tanto en estos días, comentó Luis inspirado, ¿cómo le podré pagar por enseñarme?

–Lo sabrás cuando llegue el momento.

Este fue el primer aviso que recibió Luis.

–Pero antes de pagarme, quiero saber si repasaste tus apuntes.

–Sí don Raúl, los repaso cada vez que tengo tiempo.

–Quiero estar seguro de que sabes usar lo que aprendiste, dijo don Raúl al sentarse en la banca.

–¿Qué quiere saber?, proclamó Luis.

–¿Qué son los sueños?

–Son el punto de partida hacia cualquier cosa en nuestras vidas incluyendo el progreso. Nos llenamos de entusiasmo cuando conocemos nuestros sueños y hacemos un esfuerzo por lograrlos, acertó Luis.

–¿Entusiasmo?

–Sí, o sea la *energia que Dios dá*, dijo Luis orgulloso de haber investigado la definición.

–Cuando soñamos, nos ponemos en contacto con nuestra esencia, hacemos una conexión con Dios. Al seguir los sueños uno vive libre y esto provoca una pasión, un fervor por vivir.

–¿Por qué tanta gente hispana no realiza sus sueños en los Estados Unidos?, preguntó don Raúl.

–La comunidad hispana es una de las más pobres y marginadas porque muchos viven tratando de sobrevivir en vez de prosperar, pierden de vista sus sueños o no creen poderlos lograr.

–¿Cómo podrían cambiar ésto?, continuó don Raúl.

–¿Siguiendo los siete pasos al progreso?

–¡Exactamente!, dijo riéndose el maestro.

–Ahora dime, cuando uno escribe sus sueños, ¿se trata sólo de sueños de dinero y bienes materiales?

–No don Raúl, debemos soñar para mejorar las seis áreas de la vida, aseveró Luis.

–¿Lo puede hacer cualquier persona?

–Sí, pero desde muy jóvenes, a muchos nos han dicho que no es bueno soñar. Otros, al cometer errores, acaban pensando que no pueden lograr lo que sueñan.

–Si todos pueden soñar, entonces todos pueden progresar, ¿no es así?

–Si, don Raúl, declaró Luis sin el menor titubeo, todos pueden, pero pocos lo hacen.

–Muy bien, ahora dime, ¿quién tiene la culpa por la manera en que vivo?

–La palabra culpa no existe en el vocabulario de la gente que progresa. Todos estamos donde estamos y somos quien somos por la manera en que pensamos, así lo aprendimos, continuó Luis.

–Si buscamos la solución a nuestros problemas afuera de nosotros, perdemos el poder para corregirlos, y posiblemente nunca progresemos. Si señala a alguien cuando está haciendo algo malo, hay que recordar que tres dedos le están señalando a usted, afirmó Luis, levantando la mano izquierda, mostrando los tres dedos que le apuntaban a él.

–Para solucionar cualquier problema, siempre hay que pensar en uno mismo como la respuesta, terminó Luis.

–Me alegra mucho oirte hablar así, ahora díme, ¿cómo puedes vivir con todo el poder de ser felíz para tí?

–Tomando las riendas de mi vida, si algo sucede y no me agrada, debo hacerme cargo de la situación para poderla mejorar o cambiar.

–Si te sientes triste, ¿cómo te puedes sentir mejor?

–Los pensamientos dan origen a los sentimientos, si me siento triste entonces puedo cambiar lo que estoy pensando.

–Aunque muchas personas tratan de cambiar lo que pienso para que haga lo que quieren, la única persona que puede penetrar en mis sentimientos y cambiar mi comportamiento, soy yo. Yo y nadie más.

–¿Por qué es tan importante pensar en lo que quieres, y cómo lo quieres tener?

–Porque la mente crea todo comportamiento, si pienso en lo que no tengo, eso crece y acabo por nunca tener, pronunció Luis, casi sin aliento.

Luego de una pausa Luis continuó hablando.

–Esto pasa porque la mente no entiende la información negativa, o sea, que cuando digo no, en realidad estoy pidiendo lo que no deseo. La mente es perfecta y uno tiene que aprender a usarla, especialmente cuando le pedimos ayuda a Dios.

–Explícame el comentario que hiciste acerca de Dios, pidió don Raúl.

–Seguro, dijo Luis levantándose y caminando con las manos en la cintura, cuando pedimos algo a Dios, debemos pedirle lo que queremos y no lo que no queremos. En vez de decir *no permitas que mis hijos se metan en problemas,* mejor debemos pedir que *ilumine el camino a la felicidad para ellos.*

–Hay que pedir lo que queremos y no lo que uno no quiere.

–¿Entiendes como funciona tu mente?, dijo don Raúl, haciendo un gesto de sorpresa por todo lo que decía Luis.

–Como nunca en mi vida.

–Entonces vamos a seguir con el tercer paso al progreso que dice que uno debe *examinar lo que cree de sí mismo y de los demás*. Hoy vamos a examinar tus creencias, dijo don Raúl.

–Voy a hacer una nota, *examina en lo que crees, de tí y de los demás*, escribió Luis.

–¿Por qué es importante ésto?

–Las creencias modifican y cambian la realidad que vives. Son una influencia muy fuerte, ya que si crees que puedes hacer algo, es posible que lo logres. Pero si no crees, es posible que no lo hagas. Recuerda el dicho de **Henry Ford**: *"Si crees que puedes o crees que no puedes, tienes razón, de cualquier forma así será"*.

–¿Qué necesito saber?, preguntó ansiosamente Luis.

–Primero, te contaré una historia.

A Luis le gustaban mucho las historias de don Raúl, se sentó en el pasto, frente a su maestro y escuchó.

–En el circo, la manera en que entrenan a los elefantes ilustra muy bien la manera en que adquirimos las creencias.

Luis miró al vacío y se encogió de hombros.

–Para adiestrar a los elefantes, desde pequeños los atan con un mecate a un poste y les ofrecen comida desde lejos. Cuando la bestia va por sus alimentos, se da cuenta de que está amarrado. Al principio hace esfuerzos por zafarse, pero al poco tiempo, deja de hacerlo y no lo vuelve a intentar porque *cree* que no puede.

Luis trataba de entender.

–Al no poder desatarse el elefantito, ya no lo intenta y crece con esta creencia, dijo don Raúl al mirar al cielo azul.

–Y dime Luis, ¿tendrá suficiente fuerza el elefante para romper un mecate?

–¡Claro que sí!, dijo Luis sonriendo.

–¡Seguro que puede!, pero, ¿qué lo detiene?, ¿el mecate?

–No, dijo Luis comenzando a entender.

–¿Entonces? ¿qué fuerza hace que el elefante no pueda moverse libremente?, preguntó don Raúl.

–Lo ata su pensamiento, el elefante *cree* que no puede liberarse por su propia fuerza, dijo Luis al comprender.

–Sí, el animal piensa que no puede hacer algo que nosotros sabemos sí puede. Ha sido *condicionado* para pensar que el mecate no se puede romper.

–Ya entiendo, dijo Luis emocionado.

–Ahora la sorpresa: *tú has sido condicionado igual que el elefante.*

–¿Qué?, exclamó Luis abriendo los ojos.

–Desde pequeño aprendiste que puedes, y no puedes hacer ciertas cosas. Muchas veces las personas lo dicen con buenas intenciones, pero no saben lo que hacen. Al creer lo que se te dijo y aceptarlo como realidad, también tuviste parte en ésto, recordó don Raúl,

–Cuando piensas en lo que quieres según lo que no puedes hacer, ¿cómo crees que resulta tu vida?

–No entiendo don Raúl, dijo Luis confundido,

–Las creencias se adquieren en la escuela, la iglesia, la familia, la televisión y con los amigos, acertó don Raúl, éstas influencias afectan la manera en que piensas de tí mismo y de lo que te rodea.

–¿O sea que no tengo que creer lo que han dicho de mí?

–Puedes creer lo que quieras y dejar de creer lo que te mantiene en la oscuridad. La *decisión* de creer o no creer es tuya.

Luis se levantó de un salto.

–¿Me puede enseñar más sobre las creencias?

–Seguro, forman la manera en que piensas y por eso rigen lo que haces. La diferencia entre un empresario exitoso y a un vagabundo es lo que creen. Los dos tienen el mismo sistema nervioso y los dos pueden pensar, exclamó don Raúl.

–Las personas que progresan creen que pueden y creen merecerlo. Los tristes creen que no tienen un futuro brillante e ignoran el poder de Dios que reside en ellos.

–Entiendo, exclamó Luis al abrir su cuaderno de apuntes.

–Apunta ésto Luis: *lo que creo, afecta mi pensamiento, mi comportamiento y mi vida.*

–Si pides un favor, por ejemplo, y crees que te van a decir que no, ¿como actúas?

–Lleno de dudas y temeroso, contestó Luis.

–Exacto, y esto hace que la persona con quien hablas piense que no es importante hacerte el favor. Por lo tanto, tiende a no acceder, recuerda la ley del *Karma*.

–Déme otro ejemplo, suplicó Luis.

–Cuando te presentan a alguien que crees es superior a tí, digamos un funcionario público, ¿cómo actúas?

–Un poco tímido, manifestó Luis.

–¿Y crees que hacerte el tímido te ayuda o te perjudica?

–Casi siempre me perjudica, asintió Luis.

–Si creemos que no merecemos lo que pedimos, ¿crees que lo podamos obtener?

–Creo que tendríamos problemas, contestó Luis.

–**Nelson Mandela** lo puso de una manera entendible cuando dijo: *"No hay gloria en hacernos menos con el fin de hacer que otros se sientan agusto, si permitimos que nuestra luz interna brille, damos permiso a los demás a hacer lo mismo, y ésto, nos libera a todos."*

Luego de una pausa, don Raúl continuó.

–La mayoría de las personas tienen problemas porque creen que no pueden aprender, ¿te han dicho alguna vez que eres un burro?, interrogó don Raúl.

–Muchas veces, pensándolo bien, por eso dejé la preparatoria, mi maestro me dijo que no terminaría porque reprobé un examen, mejor me salí y me puse a trabajar.

–Los maestros que tuvimos formaron muchas de las creencias que tenemos hoy en día. Algunas de esas creencias nos apoyan y otras nos perjudican.

–Pero, ¿qué puedo hacer con mis creencias?

–Al rato te voy a enseñar a cambiarlas, primero dime Luis, ¿te han dicho que eres feo?

–Sí, pero soy hombre y debo ser feo ¿no es así, don Raúl?

–Ser feo físicamente es distinto a verse feo uno mismo. El primero es la manera en que alguien nos juzga teniendo como base sus propios prejuicios, y el segundo se basa en lo que creemos.

–¿Son dos tipos de feo?, preguntó ingenuamente Luis.

–Sí Luis, ¿nunca has visto gente que crees que es fea pero que está casada con alguien físicamente bella?

–Claro, mi cuñado Humberto es así.

–¿Cómo es tu cuñado?

–Físicamente no va a aparecer en la lista de los hombres más guapos, sin embargo, se casó con mi hermana que sí es muy bonita.

–Buen ejemplo, ahora dime, ¿crees que Humberto cree que es feo?, interrogó don Raúl.

–Yo digo que no, de otra manera nunca se hubiera atrevido a invitar a salir a mi hermana Lulú.

–Muy bien dicho Luis; entre más te quieras a tí mismo mejor te va en la vida. A eso le llamamos autoestima, el quererse a sí mismo lleva a creer que uno merece tener lo que desea.

–¿Cómo se mejora la autoestima, don Raúl?

–Eso lo puedes contestar tú.

–Hay varias formas. Primero, puedo hacerme cargo de mi manera de pensar sobre mí mismo, saber que las opiniones de los demás son sólo opiniones, pero mi realidad la creo yo. Aunque yo sea feo físicamente, por dentro puedo ser tan bello como quiera.

–Muy bien, sigue, dijo don Raúl alzando el entrecejo.

–En segundo lugar, puedo comenzar a imaginar que me acepto a mí mismo, y por eso me aceptan las personas con quien ando. Puedo usar lo que aprendí para hacer grandes mis sueños y así pensar en mí como una persona digna de tener la felicidad y el amor que deseo.

–Estoy impresionado Luis, dijo riéndose afectuosamente don Raúl, te falta una más.

–Por último, debo cuidar lo que dejo que entre en mi mente, las influencias externas siempre tratan de decirle a uno como ser. Para incrementar mi autoestima, voy a decidir yo mismo como quiero actuar.

–¿Estás seguro de lo último que dijiste?, respondió don Raúl, dirigiéndole una mirada de desaprobación.

–Voy a ser como quiero, pero sin dañar a los demás, dijo Luis con una sonrisa de satisfacción.

–Sí Luis, recuerda que lo que hagas hay que hacerlo consciente de los sentimientos ajenos. Aunque es preciso dejar de sentir que *tienes* que hacer lo que la gente te pida.

–No entendí la última parte de lo que dijo.

–El "qué dirán" a veces se convierte en un gran obstáculo. La gente habla, y siempre está dispuesta a dar su opinión diciendo que "te conviene" hacer lo que dicen. Los grandes genios de la historia ignoraron la opinión de otros y siguieron lo que sentían en el corazón. Comienza a creer en lo que sientes en el corazón, y no en lo que te dicen los demás, aunque sea tu familia. Más adelante vas a aprender sobre esto.

Luis se quedó pensativo, y luego preguntó:

–¿Qué debo creer para progresar?

–Vamos llegando a esa parte, primero veamos los dos tipos de creencias, explicó don Raúl.

–Por lo que ha estado diciendo, hay creencias que nos ayudan a lograr el progreso y otras que nos quitan la fuerza, dijo Luis con la mano en la barbilla.

–Exacto Luis, son dos tipos; las que aumentan la energía y las que nos hacen daño, dijo el maestro con voz ronca y certera.

–¿Qué diferencia hay entre una y otra?

–Las creencias que nos apoyan son las que nos permiten pensar como lo que somos, dijo el maestro esperando la siguiente pregunta.

–¿Y qué somos?

–Energía pura en forma física que viene del mismo mundo donde habita lo que conocemos como Dios, de allí viene la energía espiritual, en forma de luz que necesitamos para vivir. Cuando seguimos la corriente del río, la energía aumenta y sentimos felicidad.

–Por otra parte, aprendiste con la ley de la *causa y efecto*, que cuando atacamos a los demás, envidiamos, hacemos corajes, dudamos o nos preocupamos, perdemos la fuerza y nos sentimos mal. Es igual a querer ir contra la corriente del río más poderoso que conoces.

Don Raúl se levantó y caminó pesadamente, pensando en las tantas y tantas madres que podrían ser felices si tan sólo creyeran en su propia esencia, y pensaran que merecen su parte de lo que Dios ha puesto sobre la tierra.

–Las creencias son ideas que aceptamos como realidad, y esta realidad constituye nuestra vida. La mayor parte de lo que crees, de tí y de otros, no es verdad, es una ilusión. Las creencias muchas veces se confunden con la sabiduría, y por eso hay tanto sufrimiento.

–¿Cómo?, no entiendo, dijo Luis.

–Una creencia siempre viene con dudas porque es algo que aceptas de otra gente. En cambio, la sabiduría es algo que conoces porque lo has vivido, la dicha y el bienestar residen en la sabiduría, la experiencia positiva.

–¿O sea que es mejor no creer hasta ver?

–No Luis, *es mejor creer para ver*, una creencia positiva provoca una experiencia positiva, y la experiencia es la prueba que necesitas, pero tienes que comenzar creyendo.

Don Raúl se acercó a Luis, lo miró a los ojos y dijo: Cuando vuelvas a tu casa, coloca esta targeta en la cabecera de tu cama y léela todos los días.

La targeta tenía escrito lo siguiente:

Nunca permitas que la opinión negativa de otros se haga realidad para tí .

8

Como Cambiar las Creencias Perjudiciales

Después de una pausa, don Raúl continuó la sesión con una de sus tantas anécdotas.

–Cuando era niño, quise manejar la camioneta de mi padre, como era bajo de estatura al ponerme detrás del volante no podía ver la calle. Mi padre decía que estaba muy "chaparro" y lo creí hasta que compré mi propio auto. Para entonces tenía veinte años y medía casi dos metros.

–Usted es muy alto, dijo Luis mirando hacia arriba.

–Así es Luis, pero ¿qué crees?, no pude manejar porque creía que estaba muy "chaparro", exclamó emocionado don Raúl.

–Algo así como el elefante, ¿verdad?, dijo Luis.

–La creencia, que era muy bajo para manejar, la aprendí de niño, y a los veinte años todavía la tenía.

–¿Cómo le hizo para manejar?

–Hice lo que puede hacer cualquier persona que reconoce que tiene una creencia perjudicial o equivocada. Simplemente comencé a hablarme de un modo distinto, me pregunté, ¿dónde aprendiste que no puedes manejar?, y me dije: Fue hace mucho tiempo. La realidad te dice que puedes ver la calle y con un poco de práctica podrás manejar.

–¿Y después qué pasó?

–Tuve el deseo y me hice cargo del asunto tomando algunas lecciones, y en poco tiempo estaba manejando, pronunció con orgullo don Raúl, ¿entiendes lo que son las creencias perjudiciales?

–No nos dejan ser libres.

–Bien Luis, continuó don Raúl, vamos a hablar de las creencias que nos apoyan, y la primera es que *tienes que creer en tí mismo*.

–¿Eso qué quiere decir?

–Hacer todo con amor, de corazón y sin desviarse del camino. También significa que tienes confianza en tus decisiones, pronunció don Raúl al juntar las manos, apretándolas e inhalando profundamente.

–Ya entiendo.

–Fortalece la creencia en tí mismo y recuerda que *nadie cree en alguien que no cree en sí mismo*.

–¿Entonces cómo puedo reconocer cuando estoy creyendo algo que me perjudica?, dijo Luis contento con su pregunta.

–Cuando sientes no poder hacer algo, o cuando te dices: "no puedo", "eso es imposible", o, "quisiera, pero..." exclamó don Raúl dando tiempo para que Luis escribiera.

–Puedo reconocer una creencia perjudicial cuando creo que no puedo hacer lo que quiero, ¿no es así?

–En muchos casos sí, por ejemplo, para aprender algo, hacer algo mejor o cuando quieras cambiar de ideas.

–Entonces ya entiendo, manifestó Luis al tiempo que terminaba de escribir.

–Para progresar es muy importante que pienses en las creencias que tienes de tí mismo. Todo aquello que te limita y todo lo que te hace pensar que eres menos que una persona totalmente maravillosa, puede ser una creencia perjudicial, terminó don Raúl.

–¿Cuál es la peor creencia perjudicial que puedo tener?, preguntó entusiasmado Luis.

–Que vives separado de Dios, cuando crees ésto, pierdes la oportunidad de crear una vida próspera.

—Eso ya lo estoy cambiando, después de lo que he aprendido, ¿cómo no creer?

—Me alegro Luis, si todas las personas que conoces pudieran creer en algo, no tendrían tantos momentos de desdicha.

—¿Cómo le pueden hacer para creer?

—A lo que le llamas "creer" es en realidad el uso creativo de la imaginación. Cuando imaginamos algo y lo repetimos en la mente, acabamos creyendo.

—De niño te decían que debías creer en Dios, lo hacías porque querías complacer a la persona que te lo pedía. Ahora no crees porque no tienes una prueba material, ahora piensa, Dios no es un ser físico, es un ser espiritual que sólo puedes conocer al creer que existe.

—Eso se llama tener fe, ¿verdad?

—Sí, Luis, también puedes preguntarte, ¿de dónde viene el entusiasmo, la dicha y el amor?, ¿crees en estas emociones?

—Claro que creo, las siento.

—Estas emociones son la fuerza divina o Dios manifestándose en tí.

—Ah, ahora entiendo.

—Don Raúl se levantó y dijo: De acuerdo a la física, todo ser humano está compuesto de células, si tomas esas células y las analizas, vas a encontrar moléculas. Si analizas una molécula vas a encontrar energía pura en forma de luz. Físicamente, en nuestra forma más esencial, todos somos seres de luz, esto incluye todo, *todo* lo que existe.

—¿O sea que somos iguales?

—Si Luis, ésto te lo dijeron de niño; ante los ojos de Dios todos somos iguales, dijo pausadamente don Raúl.

—Entonces, ¿de dónde vienen las diferencias que vemos?, preguntó Luis intrigado.

–Las diferencias son físicas, y existen para las personas que solo creen en el mundo de las cosas y los objetos. Tú estás aprendiendo a usar la mente para creer y confiar en el mundo mental/espiritual.

–Lo que percibes como bueno y malo, superior e inferior, feo y bello, todas las llamadas *dualidades* son creaciones del ego. Para acercarse a Dios, debes saber que todo en el mundo es expresión divina donde no hay diferencias, sólo hay semejanzas.

Luis sentía que los pensamientos brotaban a mil por hora. Al verlo desconcertado, don Raúl le dijo:

–Esto es un poco avanzado por ahora, cuando acabes tu enseñanza estarás listo para conocer el mundo invisible, entre tanto sigamos con las creencias.

–¿Por qué es importante pensar en lo que creo de los demás?, pronunció Luis con el entrecejo fruncido y ladeando la cabeza.

–Porque actúas según piensas, y tus acciones dictan los resultados. Las creencias se fortalecen según lo que esperas, y lo que esperas es lo que la vida te entrega. Ni más ni menos.

–¿Entonces si espero ser pobre lo voy a ser?

–De acuerdo a un estudio que se hizo en los Estados Unidos, hay tanto dinero disponible que si lo repartieran por partes iguales, a cada uno de los habitantes les tocaría más de un millón de dólares, dijo don Raúl.

–Pero eso no va a pasar.

–Lo sé Luis, es un ejemplo, según el mismo estudio, al pasar diez años, la gente que tenía dinero antes de la repartición tendría todo su dinero original, y la gente que era pobre volvería a ser pobre, ¿puedes explicar que pasó?

–Yo creo que es porque la gente que era pobre espera seguir siéndolo y los que tienen dinero también lo esperan, dijo Luis con pesadez en la voz.

–Lo que esperas es lo que te entrega la vida, comienza a esperar que tu vida sea un monumento a la felicidad y así será.

Luis entendió el ejemplo de don Raúl y sentía que llegaba a otro nivel de conocimiento.

–¿Qué me dice de las creencias culturales?, peguntó recordando lo que había visto en la televisión.

–La cultura hispana en los Estados Unidos tiene varias creencias que debemos examinar. No todos creen ésto, pero sí un gran número de personas, pronunció don Raúl con un tono de voz que adivinaba advertencia.

–¿Cuáles son estas creencias, don Raúl

–Una es la creencia que *Dios va a mejorar la vida de los pobres si creen en él.*

–¿A poco no es cierto eso?

–Claro que es cierto, pero si una cultura cree que no debe educarse, y que no tiene que aprender el idioma, entonces va a recibir lo que está dando al mundo.

–¿Cómo se puede ayudar a la comunidad hispana en este caso?

–Cada persona puede seguir sus sueños y valorar el autodesarrollo. Así pueden dar lo mejor de sí mismos a su familia en vez de dar lo que tantos tienen por dentro: *sufrimiento.* Un poeta escribió: *"Nunca hallarás amor en el templo si no tienes un templo en el corazón."*

–Acuérdate de lo que dijo **Earl Nightingale**: *"Te conviertes en lo que piensas."*

–¿O sea que si alguien se propusiera mejorar su posición en el trabajo, podría dar más a su familia?

–Claro, incluyendo la felicidad que es la máxima expresión de amor. Pueden ser más felices si se hacen cargo de sus vidas en lugar de creer que Dios les va a corregir los problemas que ellos mismos crearon. La creencia que Dios quiere que uno sea infeliz es otro error.

–Pensé que mi vida era así porque así lo quería Dios, ahora veo que no es así. Me ha dado exactamente lo que le pedí y lo que esperé tener.

–Míralo así, en el mundo material, la moneda que usamos se llama dinero. En el mundo espiritual, la moneda se llama oración, meditación y amor. Ya sabes como orar para progresar y ser felíz, ahora es cuestión de hacerlo.

¿Entonces he estado rezando de una forma que Dios no escucha?, protestó Luis

–No Luis, Dios siempre escucha y te ha dado exactamente lo que le has pedido, ahora comienza a pedir lo que quieres.

–También recuerda que aparte de pedirle a Dios que te ayude, debes ayudarte a tí mismo.

–¿Cómo me ayudo a mí mismo?, preguntó dispuesto Luis.

–Poniendo mano a la obra haciendo algo para lograr lo que sueñas, sin esperar que se abra el cielo y te llegue lo que pediste.

–Por favor dígame como hacerlo.

–Eso viene más adelante, en el último paso al progreso, respondió don Raúl sabiendo que Luis todavía no estaba listo.

–Entonces esperaré, dijo Luis con voz paciente .

–Recuerda la creencia: Dios va a mejorar mi vida, ahora cámbiala a: *Dios va a mejorar mi vida siempre y cuando yo sepa orar y me ponga a trabajar.*

–Lo estoy escribiendo, dijo Luis acomodando su libreta.

–Ahora dime ¿cómo eres socialmente?

–Soy un poco tímido, confesó Luis.

–¿Para ser tímido qué tienes que creer?

–Que soy diferente a la gente de los Estados Unidos y por eso ellos no me van a aceptar.

–He ahí la razón por la que eres tímido, dijo don Raúl, permíteme explicarte.

–Si maestro, dígame, dijo Luis sonriente.

–En primer lugar, crees que eres diferente ¿no es así?

–Lo soy don Raúl, ellos son americanos y yo no.

–¡Todos somos iguales!, piensa de esta forma y verás que puedes hacer amigos en todo el mundo. Los prejuicios que tienes te limitan. *Cambia lo que piensas y cambiarás como te tratan los demás.* Es todo lo que te voy a decir.

–Permítame don Raúl, eso lo tengo que escribir.

–Estas son sólo algunas de las tantas creencias que existen. Hablamos de Dios, porque es tan importante, y porque puedes entender una creencia religiosa mejor que una de trabajo, por ejemplo, dijo don Raúl.

–Recuerda que hay infinidad de creencias, como de familia, amistades, dinero, amor, salud, sexo, intimidad, trabajo, aprendizaje y de progreso.

–¿Tengo qué pensar en todo eso?, susurró Luis.

–Sólo si te detiene alguna, respondió don Raúl.

–¿Me puede enseñar a cambiar las que me perjudican?

–Para cambiar una creencia, primero hay que reconocer que existe, dictó don Raúl.

–Bueno, ya lo tengo, escribió Luis.

–En segundo lugar, escribe lo que crees, y contesta estas preguntas:

¿Cuándo decidí creer ésto?

¿Cómo me ayuda el creer ésto?

¿Si cambio esta creencia que podré hacer?

¿Qué me gustaría creer en vez de ésto?

Don Raúl esperó a que Luis escribiera las preguntas.

–Imagina las creencias como una mesa que se sostiene por medio de las patas, para cambiar una creencia hay que romper esas patas con preguntas.

77

–Está bien, contestó Luis al tiempo que escribía.

–Por último decide creer lo que escribiste y practica tu creencia nueva. Tienes que repetirla y encontrar evidencia que la apoye, verás lo rápido que se hace costumbre.

–Ya entiendo, dijo Luis muy contento.

–¿Te gusta la música de **Gloria Estefan**?

–Claro, dijo Luis.

–Gloria es parte de una familia inmigrante de Cuba y aunque fue pobre, en su juventud tuvo sueños y siempre creyó que sería una estrella.

Luis estaba entretenido con la historia de don Raúl.

–Cuando tuvo un accidente y se fracturó la espalda, ¿qué crees que le ayudó a recuperarse?

–¿Lo que creía?

–Exactamente Luis, las creencias pueden ayudar al cuerpo a que se alivie de cualquier malestar.

–¿Así se cura la gente sin usar medicina?

–Sí Luis, muchos los consideran milagros, y se conceden a aquellos que creen en el poder de la mente y de Dios para sanar. Las creencias positivas pueden cambiar una nación entera y ayudar a miles de personas.

–He leído que mucha gente tiene creencias que han ayudado a la sociedad, dijo Luis, refiriéndose a los libros.

–Así es Luis, **Cristina Saralegui** es otro ejemplo de alguien que siempre creyó en sus sueños. Ahora tiene uno de los programas más populares de la televisión hispana, de esa manera tiene la oportunidad de ayudar a millones de personas, todo, gracias a lo que cree.

–**Mahatma Gandhi** creía en la bondad de la gente, en el amor y la paz, así transformó la India, dijo Luis.

–Has estado leyendo, comentó gustoso el maestro.

–Sí, las personas que han formado el mundo en que vivimos son dignas de ser estudiadas, así podremos ser como ellos y seguir su ejemplo.

–Por eso tengo tantos libros en mi colección.

–La próxima sesión será en la librería de la esquina, ¿de acuerdo?

–Muy bien don Raúl.

–Haz el resumen de esta sesión hoy mismo.

–Sí, quiero examinar muchas cosas que creo.

–El tercer paso al progreso es: *"examina lo que crees de tí y de otros"*, dijo levantándose don Raúl y dándole a Luis una hoja.

–Sigue estos pasos para cambiar tus creencias perjudiciales. Tenía escrito esto:

Técnica para Cambiar una Creencia Perjudicial

1. Entra al estado de Hakalau.
2. Reconoce que lo que crees que te limita.
3. Escribe lo que crees.
4. Contesta estas preguntas:
   - a) ¿Cuándo decidí creer esto?
   - b) ¿Cómo me ayuda creer esto?
   - c) Si cambio esta creencia, ¿qué podré hacer?
   - d) ¿Qué me gustaría creer en vez de ésto?
5. Usa la técnica de programación mental para practicar la nueva forma de pensar.
6. Imagina como vas a pensar cuando creas algo nuevo, que te apoya y te da energía.
7. Siente lo que vas a sentir cuando actúes de forma nueva.
8. Repite este proceso al menos cuatro veces.

Luis se fué a su apartamento e inmediatamente comenzó a escribir su resumen. Esto fue lo que escribió:

Resumen del Tercer Paso al Progreso
Examina Lo Que Crees de Tí y de Otros

1. Pienso solamente en prosperar.

2. Las soluciones a todos nuestros problemas están dentro de nosotros mismos y no afuera.

3. Entiendo como funciona mi mente.

4. Lo que creo cambia la realidad de las cosas.

5. Fuí condicionado como un elefante.

6. Lo que creo afecta mi pensamiento y mi vida.

7. Aprendí a mejorar mi autoestima.

8. Hay dos clases de creencias: las que aumentan la energia y las que la disminuyen.

9. Cambiaré las creencias perjudiciales que tengo.

10. Nunca permitiré que la opinión negativa de otros se haga mi realidad.

11. Creo en mí mismo y en mi esencia natural.

12. Nadie cree en alguien que no cree en sí mismo.

13. Sé identificar mis creencias perjudiciales.

14. El "creer" es el uso creativo de la imaginación.

15. Soy un ser de luz.

16. La vida me dará lo que espero.

17. Me convertiré en lo que pienso.

18. Si cambio lo que creo, cambiaré la forma en que me trata la gente.

19. Sé como cambiar las creencias perjudiciales.

9 *Cuarto Paso*

Estudia y Supérate

Al entrar, Luis sintió en el rostro la calefacción de la librería. Nunca antes había visto un lugar tan limpio, la luz brillante hacía resaltar los miles de libros que se ofrecían en los estantes. El aroma a café hizo que Luis se sintiera como en casa.

Se fijó en la gran cantidad de personas formadas para comprar libros. Era como un supermercado donde en vez de alimentos se vendieran ideas y conocimientos.

Este lugar es sagrado para aquellos deseosos de poseer más conocimientos, pensó Luis, el silencio y energía positiva los había sentido en muy pocas ocasiones.

En un rincón había varias mesas, allí los ávidos lectores leían y tomaban café. Este es el otro templo de la mente, pensó Luis sintiendo una gran paz y tranquilidad.

Se sentó cerca de la ventana para ver llegar a don Raúl.

De pronto entendió lo que estaba pasando en su vida, con cada paso iba dejando atrás una vida de mediocridad y se estaba convirtiendo en una persona llena de confianza y sabiduría.

–Buenas tardes, exclamó don Raúl al ver a su estudiante.

–Buenas tardes, no lo ví llegar, repuso Luis.

–Te ví por la ventana, parcece que estás practicando el viejo arte de soñar despierto, comentó el maestro.

–Pensaba en el camino que he recorrido, he realizado muchas cosas con los tres pasos que me ha enseñado.

–Y todavía hay mucho por hacer, dijo don Raúl al sentarse.

–¿Por qué estámos aquí?

–Vas a conocer la mina de conocimientos que es una librería, las librerías, igual que las bibliotecas, albergan todo lo que necesitas para seguir con el cuarto paso al progreso; *estudia y supérate*.

–Parece fácil, comentó Luis.

–Lo és, pero no le damos importancia. Díme, ¿cuántas veces has visitado una librería en los últimos seis meses?

–Nunca, confesó Luis.

–No estás solo Luis, muchos adultos prefieren hacer cualquier cosa antes que estudiar y superarse, aunque le dicen a sus hijos que lo hagan, y critican a aquellos que lo intentan, explicó don Raúl, **Martin Luther King Jr.** tenía razón cuando dijo que nada le duele más a ciertas personas que tener que pensar.

Don Raúl miró tiernamente a Luis y dijo: Si un padre le dice a sus hijos que deben tener buena salud física, pero él fuma, ¿qué mensaje les está enviando?

–Diría que manda dos mensajes, por una parte el padre quiere que ellos sean sanos y fuertes, y por otro lado, no practica lo que predica, dijo lentamente Luis.

–A ésto se le llama enviar mensajes mixtos. Cuando lo hacemos, ¿qué ejemplo crees que siguen los niños?

–No estoy seguro.

–Los hechos cuentan más, ya que aprendemos mejor de lo que hacemos y sentimos, que de lo que se nos dice.

–Si un padre le dice a sus hijos que estudien y se superen, pero no lo hace él, ¿cómo podemos esperar que reaccionen los niños?, dijo don Raúl.

–Confundidos y sin amor por la escuela.

–Eso sucede en miles de casos.

–¿Cuál es la alternativa?, preguntó interesado Luis.

–La única manera de inculcar en los niños la importancia de estudiar y superarse, es nunca dejando de hacerlo nosotros mismos, dijo firmemente don Raúl.

–¿Nunca dejarlo de hacer?

–Aparte del gran beneficio personal que uno recibe, los niños aprenden a valorar la lectura y el aprendizaje. Recuerda lo que dijo el famoso genio *Albert Einstein*: *"El mejor desarrollo personal es el autodesarrollo"*.

–Ya entiendo, dijo Luis.

–Hoy vas a comenzar tu propio programa de autodesarrollo. Así evitarás los seis grandes errores del hombre que *Cicerón* predijo causarían la caída de Roma.

–¿Cuáles son?, pregunto curioso Luis.

–*El no estudiar y fortalecer la mente, creer que podemos ganar algo a expensas de otros, la preocupación por cosas que no podemos cambiar o corregir, la insistencia de que algo es imposible porque nosotros no lo podemos hacer.*

Al ver que Luis escribía frenéticamente, don Raúl pausó, el último lo conocemos con el dicho: *"El leon cree que todos son de su condición"*.

–Ese dicho lo conozco, siga, dijo sonriendo Luis.

–*Cicerón* también advirtió que el *rehusarse a poner a un lado las preferencias triviales, y el querer que otros crean lo que creemos e insistir que vivan de la manera que dictamos*, serían las causas de la caída del imperio Romano.

–¿Y sabes qué Luis?

–¿Qué?, respondió el aprendiz.

–¡*Cicerón tenía razón*!, increíblemente, el mundo moderno tiene los mismos problemas.

Don Raúl pausó y luego dijo: ¡Evita caer en la trampa de la profecía de Cicerón!

–Entiendo, dijo de forma seria Luis.

—¿Recuerdas las películas de **Pedro Infante**?, preguntó el maestro.

—Claro que sí, las veía por la tele cuando era niño.

—**Pedro Infante** es un buen ejemplo de autodesarrollo, ¿sabías eso?

—No don Raúl, ¿qué hizo?

—Al llegar a la ciudad de México, Pedro tuvo muchos obstáculos y tuvo que ser muy persistente.

—¿Persistente?

—Sí, no se convirtió en estrella de cine de la noche a la mañana. Al principio tuvo que aprender a vivir lejos de su familia, y cuando dejó su profesión de carpintero, ¿crees que sabía cómo entrar al mundo del cine?

—No parece que haya tenido problemas, comentó Luis.

—Ningúna estrella de cine llega a la cumbre sin un *gran esfuerzo* y *determinación* inquebrantables, **Pedro Infante** también siguió sus sueños y no se dió por vencido.

—No sabía.

—Ignoramos el gran esfuerzo que tienen que hacer aquellos que se destacan en su área preferida, se necesita mucho amor por lo que hacen, y mucha *persistencia*.

—¿Voy a tener que *ser persistente*?, preguntó Luis al darse cuenta de lo que decía su maestro.

—Sí, recuerda el dicho: *El que persevera alcanza*. Todos los días tienes que buscar la manera de estudiar. En poco tiempo tendrás más conocimientos en tu área, y la confianza que tuvo **Pedro Infante**.

—**Andy García** también dijo en una entrevista que todo lo que ha logrado se lo debe a su persistencia y determinación.

—¿Qué papel juega en el progreso la *paciencia*?

—¡Excelente pregunta!, muchas personas se desesperan y culpan a los demás cuando lo que quieren no llega en el tiempo deseado.

–Otros pierden la esperanza y acaban volviendo a lo que hacían antes, dijo el maestro con un tono triste.

–Imagina que vas a la peluquería y te cortan el cabello muy mal.

–Me pasó el otro día, dijo Luis sobándose el pelo.

–Lo sé Luis, dijo sonriendo don Raúl, cuando notaste lo que hizo el peluquero, ¿pudiste hacer que creciera más rápido de lo normal tu cabello?

–No don Raúl, aunque me quejé con la gerencia, de todas formas tuve que esperar a que me volviera a crecer.

–Así es con todo lo que buscas Luis, la paciencia consiste en saber que aunque llores y te quejes, nada puedes hacer para que las cosas se den antes de tiempo. Procura nunca exigirle al mundo los resultados que quieres porque esto lleva a la desesperación, *todo llega a su debido tiempo aunque no te guste tener que esperar.*

–Entonces voy a cultivar la persistencia, la determinación y la paciencia, dijo Luis al escribir.

–También recuerda siempre que en este país se valoran mucho los estudios y se paga por la sabiduría.

–Son dos cosas diferentes, ¿entiendes la diferencia?

–No don Raúl, pero si me lo explica.

–Claro, los libros te dan conocimientos y la vida te da sabiduría, las compañías buscan gente que tenga altos grados de sabiduría, además de estudios. Cuando alguien se gradua en la universidad y lo contratan, normalmente le dan una posición baja en la compañía.

–Yo pensaba que los que estudiaban, tenían mejores puestos, dijo Luis.

–Eso es verdad en parte, muchas empresas capacitan a sus mejores candidatos para después darles el puesto que pidieron, les dicen que deben tener experiencia antes de tener responsabilidades.

–¿Entonces por qué es tan importante un certificado en este país?, preguntó Luis.

–Un certificado es importante en cualquier país, es una prueba de que eres constante y de que cumpliste, aseguró don Raúl.

–Comprendo.

–También se llama sentido común a la sabiduría. El padre de la psicología moderna, **William James**, dijo que la sabiduría es la habilidad de ver un problema viejo con ojos nuevos. También dijo que es el poder de crear soluciones nuevas y tener confianza en sí mismo, explicó don Raúl, puedes tener todos los estudios del mundo pero si no tienes sentido común y confianza, entonces los estudios no te servirán de mucho.

–Entonces ¿por qué piden certificados en las empresas?

–Un certificado llama la atención porque es una prueba, por eso es importante, sirve como pasaporte a la gerencia.

–Quiero ser supervisor en la compañía donde trabajo pero no tengo un certificado, ¿eso quiere decir que no lo podré lograr?

–Nunca creas que porque no tienes estudios formales no puedes conseguir la posición que quieres, no uses la falta de estudios como arma en tu contra, manifestó don Raúl, las empresas prefieren contrarar a personas con experiencia y sentido común.

–Creo que entiendo la importancia del cuarto paso, dijo Luis acabando de escribir.

–Sí Luis, es es importante porque forma parte de la cultura americana: *entre más sabes más ganas.*

–Pero conozco a muchas personas que tienen certificado de estudios en su país de origen y trabajan como obreros, ¿cómo podría ayudarles?

–Si ellos no toman las riendas de su vida, tú no les podrás ayudar.

–Algunos quieren hacerse cargo de sus vidas, pero no saben como hacerlo, dijo en un tono preocupado Luis.

–Nadie va a reconocer sus estudios hasta que ellos lo hagan por sí mismos, tienen que hallar la forma en que puedan beneficiar a la empresa con lo que saben.

–¿Cuál es el mejor certificado que puedo presentar?

–No hay certificados mejores y peores, todos son tan buenos como las personas que los presentan.

–Si alguien no habla el idioma, y quiere un puesto mejor, puede presentar el certificado de la escuela donde está aprendiendo inglés. Es un buen principio porque manda un mensaje a las personas que toman decisiones, les dice que valora los estudios y le interesa mejorar, y esto es muy positivo.

–¿Por qué don Raúl?

–Porque muy poca gente lo hace, en un mundo lleno de personas que ponen excusas, puedes progresar con sólo esta acción. Muestra tus estudios en papel, cumple y llamarás la atención.

–¿Qué clases de excusas ponen?, siguió Luis en forma casi infantil.

–Para no estudiar, la principal es *el tiempo*, creen que es más importante hacer otras cosas en su tiempo libre; como ver la televisión o visitar a la comadre, o dormir hasta tarde.

–La primer excusa es el tiempo, dijo al escribir Luis.

Después de tomar aliento continuó don Raúl: A veces usan la familia como excusa. No estudio porque tengo que cuidar a mis hijos. La pregunta que yo les hago es: ¿qué significa cuidar a tus hijos?, y cuando los estás cuidando, ¿acaso no los estás entreteniendo? Podrías leerles un libro, o llevarlos a la biblioteca, dijo don Raúl recordando aquel tiempo en que era maestro.

–Parece que ha dicho eso antes, hizo notar Luis.

–Conviví con cientos de personas que daban esta clase de excusas para no estudiar.

–¿Y aprendieron?, preguntó Luis.

–Las personas que dan importancia al estudio no tienen excusas, no las conocen y buscan maneras de encargar a sus hijos por el tiempo que dure la clase, saben que si estudian hoy, mañana van a poder dar a sus hijos una vida mejor, aparte de enseñarles desde pequeños el valor del estudio.

–Las personas que le dan valor a los estudios no tienen excusas, dijo Luis escribiendo.

–Otra razón muy común es que creen que no pueden aprender, si no fueron a la escuela de niños, o si tienen años de no estudiar, creen que de adultos no podrán.

–Pero, ¿no es verdad que entre más viejo es uno, menos puede aprender?, protestó Luis.

–Si así piensas, así será, la historia está llena de personas que a una edad muy avanzada volvieron a la escuela y pudieron hacer cosas que ni se imaginaban; por eso venimos a esta librería, mira cuántas personas están aquí.

Luis volteó y vió a una pareja de ancianos en la mesa de enfrente. Estaban leyendo un libro. En la mesa de al lado estaban tres personas, también leyendo. La librería entera estaba llena de personas mayores.

–Comprendo lo que dice.

–Entiende ésto Luis, *puedes progresar o puedes dar excusas, pero no puedes hacer las dos cosas.*

–Voy a escribir eso, dijo Luis mirando su cuaderno.

–Ponemos pretextos cuando sentimos que algo está fuera de nuestro alcance; deja de dar excusas, elimina la costumbre de no estudiar.

–¿Entonces si quiero tener éxito en mi vida debo cambiar mis costumbres y estudiar?

–Exacto Luis, la mente se hace fuerte con ejercicio, nadie puede desarrollar su mente si no la ejercita.

–Al comenzar tu plan de autodesarrollo, vas a querer volver a hacer lo que hacías antes, tus viejas costumbres van a llamarte como un amigo al que abandonas, ésto va a poner a prueba tu persistencia y determinación.

–Al mismo tiempo es posible que la gente que más tiene que ganar con tu superación sea la que más se oponga, resumió el maestro.

–¿Cómo don Raúl?

–Tus seres más allegados, al notar que estás cambiando, van a querer detener tu crecimiento, ésto pasa todo el tiempo y tienes que estar preparado.

–¿Qué puedo hacer en ese caso?, preguntó Luis preocupado.

–Guarda silencio, perdona y no trates de cambiarlos. No les quieras decir como vivir su vida y ofrece ayuda sin necesidad de que te hagan caso.

–Pero quiero superarme para ayudar a mis seres queridos, protestó Luis.

–Casi todas las personas que se superan lo hacen para ayudar a su familia. Lo que olvidan es que a veces la familia no está lista para hacer un cambio. Si tus seres queridos no te piden ayuda entonces *no se las de*s. Sé que se oye mal pero cuando tratas de imponer tus ideas en otros, causas fricciones que te alejan de ellos. Recuerda lo que advirtió **Cicerón** hace más de dos mil años.

–Entonces, ¿cómo les puedo ayudar?

–Teniéndoles paciencia, a su debido tiempo, ellos van a buscar su propia superación, y cuando llegue ése día, tú vas a estar listo para ayudarles.

–**Abraham Lincoln** lo dijo muy bien al escribir: *"Me prepararé y cuando llegue la oportunidad, estaré listo"*.

–La única pregunta que tengo, continuó Lius, es: ¿qué estudiaré?

–Por eso estamos aquí, conocerás la librería para que veas lo que tiene que ofrecerte, dijo don Raúl al levantarse.

–Hazte estas preguntas: ¿qué necesito saber para comenzar a progresar? o, para lograr lo que quiero, ¿qué necesito aprender?

–Entiendo, si quiero un negocio propio entonces es buena idea aprender sobre el mismo, ¿verdad?

–Sí Luis, así debes pensar para saber lo que necesitas estudiar, dijo don Raúl al sonreirle a dos personas que examinaban un libro.

–Me siento un poco raro entre tanta gente inteligente, titubeó Luis.

–Te he dicho que dejes de juzgar a tus semejantes, además, la gente que ves en esta librería está aquí porque tiene sed de conocimientos y quiere mejorar, son iguales a tí.

Don Raúl no dijo otra palabra, dió unos pasos y esperó a que Luis lo alcanzara.

10

El Dominio de las Emociones Negativas

–Aquí vas a encontrar amigos que te darán los conocimientos para salir adelante y progresar, lo harán sin pedirte algo a cambio, sin críticas y a la hora que quieras. No importa el tema, contestarán cualquier pregunta, don Raúl habló como si se tratara de su familia.

Caminaron lentamente hasta llegar al primer librero que albergaba cientos de libros.

–Lo único que tienes que hacer es saber qué quieres y venirlo a buscar, los libros son como escuelas, tienen la información más reciente. Las obras fueron creadas por los expertos más sobresalientes que ha dado el mundo, explicó don Raúl, recuerda el proverbio indio.

–Pero no sé leer inglés, comentó Luis siguiendo a su maestro.

–Hace rato preguntabas qué debes estudiar, comienza con un libro que te enseñe lo basico del idioma, recuerda que no es necesario aprender todo. Por lo pronto necesitas saber lo que usas en el trabajo, después podrás aprender otros temas para manejar mejor tu vida, dijo con voz firme y amorosa don Raúl.

Al llegar a la sección de idiomas, don Raúl dijo: Ahora vuelvo, voy por unos amigos que quiero que conozcas.

Luis admiró los cientos de libros en inglés, español, ruso, chino, francés, alemán... tomó uno con título Inglés Básico, buscó a don Raúl, y al no verlo decidió volver a la mesa donde estaban sentados.

Luis sintió la magia de la librería, se detuvo y cerró los ojos, volteó a su izquierda y leyó *Ciencias Exactas*, más adelante, *Salud y Bienestar*, más allá *Administración y Computación.* Supo que pasaría muchas horas aquí.

Don Raúl llegó con las manos llenas, al poner los libros amorosamente sobre la mesa dijo: Aquí está la libertad que buscamos todos, con estos libros te voy a seguir explicando. Ya vimos que es importante estudiar y ahora vamos a hablar de la superación personal.

–¿Superación personal?, preguntó Luis.

–Sí, Luis, la superación personal es la habilidad de resolver los problemas que te presenta la vida. Una persona que se supera puede hacer *muchas cosas* porque sabe manejar su vida en vez de dejar que su vida lo maneje, don Raúl hizo hincapié en las palabras *muchas cosas*.

–Me estoy confundiendo, replicó Luis.

–Deja de hacerlo, no he dicho nada que no sepas, para progresar ya aprendiste que debes superarte en varias áreas de tu vida, dijo don Raúl alzando el dedo índice.

–En cuanto a tu salud física, ¿qué costumbres tienes que te gustaría cambiar?

–No tengo idea, replicó Luis.

–Para darte una idea, piensa en tu corazón, es el músculo más importante del cuerpo, y busca maneras de fortalecerlo y hacerlo fuerte. Primero, alimenta bien tu cuerpo con comidas saludables; en segundo lugar, oxigena bien la sangre haciendo ejercicio físico y por último, toma mucha agua, éste es el líquido de la vida.

–¿Cuenta como agua el refresco?, preguntó Luis.

–El setenta por ciento de tu cuerpo está compuesto de agua, cuando tomas agua lo purificas y así ayudas al órgano vital. El refresco contiene mucha azúcar y te hace daño a la larga, mejor toma agua.

–Tomaré mucha agua entonces, dijo Luis al apuntar lo que dijo su maestro.

–Ese es un buen comienzo, procura llegar a la salud máxima, te garantizo que si lo logras vas a poder hacer cosas que antes no creías que podías.

–Voy a ver a un doctor para un examen físico, manifestó Luis.

–Perfecto Luis, la mejor guía para ayudarte a tener una buena salud física es tu doctor.

Don Raúl tomó un libro y comenzó a leer.

–***Louise Hay***, dice que en muchos sentidos somos lo que comemos. Su filosofía básica es: *si crece, cómelo, si no crece, no lo comas*, también dice que los caramelos y la Coca Cola no crecen, y cree que los establecimientos de comida rápida y alimentos procesados están destruyendo la salud de la nación.

–Entiendo don Raúl.

–La mejor filosofía que conozco es la que practican los antiguos habitantes de Hawaii. Ellos comen de acuerdo a lo que van a sentir después, y si creen que la comida les va a caer mal, ni la tocan, pero si sienten que es saludable, entonces comen hasta quedar satisfechos, no llenos, ¿entiendes?

–Sí don Raúl, entiendo.

–Ahora imagina que vas a participar en una carrera larga, dijo el maestro mirando al vacío.

–Si tengo buena salud física no tendré problemas, dijo Luis pensando en su cuerpo.

–Imagina que tienes que correr la distancia cargando dos bolsas llenas de papas, una en cada mano.

–No voy a llegar lejos así, comentó Luis pensando en que las papas pesan mucho.

–Bueno, podrás tener un cuerpo fuerte y sano, pero si no te deshaces de las bolsas, vas a correr poca distancia.

Luis sabía que su maestro estaba enseñándole algo con un ejemplo y se divertía cuando don Raúl se esforzaba porque entendiera.

−¿Cómo puedo dejar las bolsas para poder terminar la carrera?, dijo interesado Luis.

−Mediante la superación mental, este aspecto lo descuida casi toda la población.

−¿Superación mental?, por favor, explíqueme eso.

−Aprendiste a meditar para soñar, a hacerte cargo de tu vida y tus problemas, y a pensar en lo que deseas.

−Sí, ya han tenido mucho efecto en mi vida los tres primeros pasos, dijo orgulloso Luis.

−Con el cuarto paso aprendiste que es muy importante estudiar, y ahora estamos hablando de superación personal. En la vida, para correr distancias, aparte de cuidar tu cuerpo físico debes cuidar tus pensamientos.

−Sí don Raúl, lo sé.

−Debes *olvidar toda la carga de tu pasado* para poder seguir adelante, eso no lo sabías, ¿verdad?

−¿O sea que debo superar lo negativo que he vivido?

−Exactamente Luis, las personas que progresan viven libres de toda carga emocional del pasado, dijo firmemente el maestro.

−Recuerda que la mente da origen a los sentimientos y para deshacerte de esas cargas, tienes que aprender a lidiar con cuatro emociones negativas.

−¿Emociones negativas?, preguntó Luis.

−Sí, el miedo, la ira, la tristeza y el remordimiento

Don Raúl se puso muy serio y miró a Luis a los ojos.

−La mayoría de las personas hispanas que viven en los Estados Unidos aprenden muy rápido a hablar inglés, pero no lo hacen porque les da miedo. Manejan un auto, se desarrollan en el trabajo, pero a la hora de hablar, se congelan.

–Para manejar no se necesita inglés, tampoco se necesita para trabajar, dijo Luis pensando que don Raúl se había equivocado.

–¿Y qué me dices de las señales?, en ambos casos la gente aprende a interpretarlas, pero no habla y éso es lo más fácil. Imagina como es la vida de alguien que prefiere no salir, no estudiar o no vivir porque le da miedo.

–Sí don Raúl, puedo imaginarlo, a mí me ha pasado.

–***Emerson*** decía que el temor siempre brota de la ignorancia, y tenía razón, el miedo no te pasa, lo creas tú, aprendes a ser temeroso y como cualquier otra costumbre, reaccionas así cuando no sabes qué hacer, ¿quién te da miedo?, dijo seriamente don Raúl.

–Yo.

–Sí Luis, y no lo olvides, si en el pasado tuviste miedo de algo, es posible que lo tengas en el presente, y eso no te va a ayudar a progresar.

–Recuerda que el miedo no es algo físico, es algo mental, una idea, un pensamiento, nadie te puede *dar* los pensamientos al menos que los aceptes.

–¿Qué puedo hacer para no tener miedo a hablar inglés?

–El miedo a hablar es sólo un ejemplo, existen miles más, y para eliminar el miedo puedes hacer varias cosas.

–Estoy listo, dijo Luis levantando el lápiz.

–En primer lugar, entiende que el miedo es una reacción a la que te acostumbraste, es un hábito mental que puede ser eliminado.

–Eso lo entiendo, respondió Luis.

–También recuerda que el miedo te hace daño, no te ayuda a ser una persona sana.

–Cómo, ¿me hace daño al cuerpo?, preguntó Luis.

–De acuerdo a las últimas revelaciones científicas, el miedo provoca toda clase de malestares.

–Te hace daño porque al pensar en lo que no deseas, el cuerpo reacciona con sentimientos que a largo plazo, causan enfermedades, da lugar a la desidia, la preocupación y la timidez, emociones igual de inútiles, dijo don Raúl al ver los libros que había traído de la sala.

–**Louise Hay** ha escrito muchos libros que prueban científicamente que el miedo causa un sinúmero de enfermedades, dijo don Raúl mostrando un libro amarillo.

–Si quieres progresar, tendrás que superar el miedo, terminó don Raúl casi sin aliento.

–Entonces, ¿qué es la desidia?

–Sucede cuando nos dan miedo las consecuencias imaginarias de algo que tenemos que hacer.

–¿Qué es la preocupación?, preguntó Luis.

–Pensar constantemente en lo que no deseamos.

–¿Y la timidéz?

–El pensar que no se nos quiere o que no tenemos algo con qué contribuir a un grupo.

–Espero que disfrutes el que te conteste todo Luis, muy pronto lo voy a dejar de hacer, terminó don Raúl.

Este fue el segundo aviso que recibió Luis de su maestro. El aprendiz se quedó pensativo y luego cambió el tema preguntando: ¿Usted nunca sufre de soledad?

–¿Qué te hace pensar que estoy solo?

–No conozco a su familia, titubeó Luis.

–La soledad existe cuando no te agrada la persona con quien pasas el tiempo. A lo que llamas "soledad" yo le llamo tiempo para el *Ser*. Cuando quiero companía la tengo. Te recomiendo que aprendas a andar a gusto contigo mismo, así aprenderás mucho de tí. **Omar Khayyam** decía: "*El alma pensativa se aleja a la soledad*". Ya aprenderás el valor de estar solo de vez en cuando Luis.

–Entiendo el valor de la superación y sé que tengo que aprender a dejar de ser miedoso, ¿pero cómo lo hago?

–Luego de reconocer que el miedo lo aprendiste y que es un hábito inútil, y entender que te causa daños físicos, emocionales y mentales, debes hacerle frente a lo que te cause miedo, usa la técnica de programación mental.

–No entiendo, dijo Luis escribiendo en su libreta.

–¿Sabes andar en bicicleta?

–Claro que sí, Luis recordó sus años de niño cuando iba a la escuela en su bicicleta azul.

–Cuando estabas aprendiendo, ¿nunca te caíste?

–Sí, muchas veces, recordó Luis.

–¿Por qué seguiste montándote si te podías lastimar?

–Porque quería aprender, dijo con orgullo Luis.

–Exacto, querías aprender y por eso le hiciste frente al miedo. Las ganas de aprender eran más fuertes que el miedo y por eso hoy sabes andar en bicicleta.

–Si no hubieras superado el miedo en ese entonces, hoy no sabrías andar en bicicleta. Lo mismo pasa cuando se trata de otras cosas, como una cita, hablar inglés o un trabajo nuevo.

–Creo que entiendo, si quiero progresar debo tener las mismas ganas que tuve cuando aprendí a andar en bicicleta, ¿verdad?

–Una realización más para mi alumno preferido, dijo don Raúl al extender su mano derecha y estrechar la de Luis.

–Ahora entiendo, al miedo hay que tomarlo por los cuernos y entender que uno mismo lo crea.

–Sí Luis, del miedo que sentimos, el setenta por ciento es por ignorancia y falta de preparación, son temores por cosas fuera de nuestro control, el doce por ciento, son por cosas que ya pasaron.

–Hable un poco más despacio para poder apuntar lo que dice, Luis sentía que estaba llegando al fin de una era de aprendizaje y quería anotar todo lo que pudiera.

–El diez por ciento de nuestros temores no tienen gran significado, son inútiles como el miedo al futuro; el ocho por ciento restante son legítimos, y la única manera de eliminarlos es haciendo algo para cambiar lo que creemos. En vez de vivir preocupados, tenemos que actuar y dejar de dudar tanto.

–Eso lo entiendo muy bien, asintió sonriendo Luis.

–Veo que escribiste mucho, espero ver un resumen muy detallado, dijo don Raúl al hojear otro libro.

–Este libro es uno de mis mejores amigos, habla de la ira.

–¿La ira?

–Sí Luis, otra de las emociones más destructivas.

–No soy muy corajudo.

–Bueno, tú no eres corajudo, pero la mayoría de la gente no ha aprendido a lidiar con su ira, manifestó seriamente don Raúl.

–Bueno, soy un poco corajudo, ¿qué dicen los expertos?, preguntó Luis al ladear la cabeza como si pudiera leer.

–La ira causa más problemas en la sociedad que cualquier otra emoción negativa.

–Déme un ejemplo por favor, pidió Luis.

–En una relación amorosa, muchas personas *creen* que si se enojan, pueden exponer mejor sus puntos de vista; *creen* que si se enojan, les van a entender mejor, pronunció don Raúl, con una voz que adivinaba lástima.

–**Carlos Castañeda**, en su libro, El Arte de Ensoñar explica que la mayoría de nuestra energía se va en sostener nuestra importancia. Si fuéramos capaces de perder un poco de esa importancia, dos cosas extraordinarias nos sucederían.

–Una, liberaríamos nuestra energía de tratar de mantener la ilusión de nuestra grandeza; y dos, nos daríamos suficiente energía para captar un destello de la grandeza del universo.

–En fin Luis, deja de defender tus puntos de vista y pierde esa necesidad de ser ofendido por los comentarios de otros.

–Esa reacción la aprendí de niño, ¿no es así?

–Exactamente Luis, igual que el miedo, la ira es una costumbre que simplemente destruye lo que tanto trabajo nos cuesta construir.

–Conozco mucha gente que es muy corajuda.

–Es muy común y necesitas superarla para vivir tranquilo, advirtió don Raúl.

–¿Cómo se supera la ira?

–De forma similar al miedo, entiéndelo, aprende y supéralo.

–Parece fácil, replicó Luis.

–Parece, pero no lo es, mucha gente prefiere decir que es corajuda por culpa de otros.

Luis abrió los ojos diciendo, paso número uno, hazte cargo de tu vida y no culpes a otros.

–Así es Luis, pero por eso, la mayoría de las relaciones que terminan, acaban por culpa de otros.

–Entonces, ¿qué puedo hacer?

–Ya te lo dije, exclamó don Raúl con una voz potente.

–Pero, ¿qué debe hacer la gente cuando quiere dejar de ser corajuda y no sabe cómo?

–Muy buena pregunta Luis, les diría que deben entender su capacidad de hacer corajes y practicar una reacción más amorosa hasta que se haga costumbre, es más fácil de lo que te imaginas. Y si acaso no crees, cambia esa creencia, ya sabes cómo.

–El coraje más importante a superar es el que se tiene la gente a sí misma. Muchas personas se odian a sí mismas y causan toda clase de problemas en sus propias vidas. De alguna manera creen que se deben castigar por sus errores, esto obviamente, es una falta de perdón a sí mismo. Si no te perdonas tú, va a ser difícil perdonar a tus prójimos.

–Entiendo, ¿qué sigue?

–Otra emoción negativa que te puede matar es la tristeza.

Luis se acomodó en su silla listo para escribir.

–Esta me la vas a explicar tú Luis, hazlo lo mejor que puedas y aplica todo lo que has aprendido hasta ahora.

–Bueno, creo que somos tristes porque aprendimos a hacerlo desde niños.

–Eso te lo acabo de decir, dijo don Raúl un poco molesto.

–Discúlpeme, lo voy a intentar de nuevo.

Don Raúl miró a Luis con el entrecejo fruncido.

–La tristeza nos daña porque no nos deja ser feliz, cuando nos ponemos tristes, hacemos que los demás se pongan tristes, si queremos dejar de ser tristes, hay que entender, aprender y superar, ¿le parece?

–Sigue Luis, pronunció don Raúl al leer un libro y aparentar no hacer caso.

–Se puede remediar la tristeza cambiando lo que pensamos.

–¿Por qué no dijiste eso para comenzar?, refunfuñó don Raúl.

–La respuesta es muy corta, quería dar una explicación.

–Bueno Luis, solo recuerda que la gente necesita que llegues al grano lo mas rápido posible.

–¿Qué gente?, preguntó Luis.

–Lo sabrás cuando estés listo, por ahora vamos a hablar del remordimiento.

–¿Quiere que lo explique yo?

–No Luis, el remordimiento es diferente.

–¿Por qué es diferente?

–El remordimiento reside estrictamente en el pasado.

–Es cierto don Raúl, no me había dado cuenta.

–La única manera de superar el remordimiento es con la educación.

–¿La educación?, cuestionó Luis.

–Como el remordimiento es por algo que ya hicimos, hay que aprender del pasado y dejar ir el sentimiento.

–¿Dejar ir el sentimiento?

–Sí, se hace al aprender lo que hubo que aprender de la situación y perdonándonos a nosotros mismos.

–Entiendo don Raúl, dijo Luis asombrado por lo que había escrito.

–Recuerda que aprendemos a usar el remordimiento para manipular a los demás. De vez en cuando te vas a topar con personas que tratan de provocar esta emoción en tí con el fin de hacer que hagas lo que pidan.

–¿Qué puedo hacer cuando esto pase?

–Perdona a la persona, no ha superado su necesidad de controlar a sus semejantes.

Regresaron los libros sin decir otra palabra, Luis pensó en lo que había aprendido al voltear a ver al misterioso hombre que lo acompañaba. Sentía un remolino de ideas en la mente, y cuando terminó su resumen escribió lo siguiente:

Resumen del Cuarto Paso al Progreso
Estudia y Supérate

1. Practico lo que predico.

2. Los niños aprenden por medio de hechos y ejemplos.

3. El mejor desarrollo personal es el autodesarrollo.

4. El progreso requiere de un esfuerzo, determinación y persistencia.

5. El que percevera alcanza.

6. Soy paciente y no le exijo al universo.

7. Un certificado de estudios sirve como pasaporte a la gerencia.

8. Las empresas prefieren empleados con experiencia y sentido común.

9. Entre más sé, más puedo ganar.

10. Nunca haré excusas como: el tiempo, mi familia o mi edad.

11. Puedo progresar o puedo dar excusas, pero no puedo hacer las dos cosas.

12. Comenzaré a estudiar inglés básico.

13. Una persona que se supera puede hacer muchas cosas.

14. Cambiaré mis malas costumbres físicas, emocionales y mentales.

15. Tomaré mucha agua.

16. Procuraré llegar a la salud máxima.

17. Comeré de acuerdo a lo que voy a sentir al terminar y sólo hasta quedar satisfecho, no lleno.

18. Voy a superar el pasado negativo que he vivido.

19. Sé lidiar con el miedo, la furia, la tristeza y el remordimiento.

20. Nadie me puede dar sentimientos.

11 *Quinto Paso*

Intégrate a la Sociedad

En un sueño que se acercaba a la velocidad de la luz y le estallaba en el alma, Luis recordó estas palabras: "tienes conocimientos, ahora necesitas sabiduría, haz tuyos los principios que aprendiste y vívelos cada día."

De pronto Luis despertó, recordó donde estaba y se levantó, fue al baño a lavarse el rostro, pero sintió que algo lo impulsaba a ver a su maestro lo más rápido posible.

Volteó a ver su relój despertador, eran las 5:05AM, muy temprano, se dijo Luis a sí mismo, pero el sentimiento persisitió, tenía que ver a su maestro. Salió de su apartamento pensando que don Raúl seguramente estaría durmiendo.

Luis decidió trotar y sintió en todo el cuerpo el aire frío del amanecer. Al llegar a la casa de su maestro, imaginó que estaría en el jardín, aunque el sol apenas se hacía ver en el horizonte.

Caminó lentamente a la parte posterior de la vivienda y se asombró cuando vió a don Raúl sentado en una banca, inmóvil y con los ojos cerrados.

–Llegas tarde, exclamó el maestro sin abrir los ojos.

Luis sintió lo mismo que cuando estaba en la biblioteca, el mismo sentimiento de paz, amor y seguridad.

–¿Qué está haciendo?, pregunto el aprendiz.

–Lo que hago yo por ahora, no importa, la pregunta es, ¿qué te hizo venir a esta hora Luis?

–Sentí que tenía que venir a verlo, tuve un sueño.

–Al fin estás aprendiendo a conocer lo invisible, ¡felicidades!

–¿Cómo dijo?

–Estás confiando en tu intuición y creciendo espiritualmente Luis, ¿no te da gusto?

–Sí pero, ¿por qué siento que algo me impulsa a venir aquí?, preguntó Luis un tanto perplejo.

–Ese algo es el *ser divino* que llevas dentro, todos lo tienen y pocos lo conocen. Ese ser, en forma de energía invisible, es el mismo que te puede traer la dicha y el progreso.

Al no entender la explicación de don Raúl, Luis se sentó y guardó silencio.

–Lo que hacía cuando llegaste se llama meditación, es la mejor manera de relajar el cuerpo y disfrutar de la paz que ofrece el silencio.

–¿A las cinco de la mañana?, exclamó Luis.

–Sí, lo sé, se me hizo un poco tarde, dijo en voz baja el maestro.

–¿Tarde?

–La mejor hora es entre tres y seis de la mañana, cuando el mundo está en silencio.

–¿Me puede enseñar como hacerlo?

–Ya conoces algunos de los principios, y primero tienes que hacerte bueno para entrar a Hakalau, luego estarás listo para esta forma de meditación, dijo don Raúl al levantarse y caminar a su hogar.

–Pásate para que tomes algo.

–Sí gracias.

Como si tuvieran vida, los libros parecían saludarle, una energía nueva que Luis no comprendía.

–Habla muchacho, dijo don Raúl al notar que Luis se había quedado admirando los libreros repletos de libros.

–Es como si tuvieran vida, siento que me son familiares, como mis amigos, dijo Luis tallándose los ojos.

–Lo son Luis, dijo don Raúl conmovido.

–Luis, quiero que empieces a buscar amistades, personas que ven y sienten lo mismo que tú, y que están buscando maneras de mejorar el mundo, cuando los encuentres, únete a su causa.

–¿Por qué es importante formar parte de ese grupo?, exclamó de pronto Luis.

–Porque no importa cuánto progreses, si no tienes con quién compartirlo, te sentirás vacío por dentro. Para progresar hay que dar lo mejor de uno mismo, si no tienes amistades o si no cultivas relaciones con los demás, ¿con quién piensas compartir tu vida?, comentó don Raúl con un tono de voz alentador.

–Con mi familia, replicó Luis.

–Seguro, sin embargo tienes que ir más allá y reconocer que el mundo entero es tu familia. No sólo las personas con quienes creciste. Recuerda que eres una expresión divina de Dios y que también lo son todos los habitantes de la tierra, los animales, las plantas, y todo el universo son tu familia.

–Ya entiendo don Raúl, pero...

–¡Deja de decir pero!, esa palabra sólo sirve para debilitarte, exclamó don Raúl, al tiempo que levantaba el dedo índice.

–Si el mundo es mi familia, ¿qué me dice de la discriminación?, pronunció Luis al levantarse.

Don Raúl suspiró profundamente al tiempo que sacaba un libro del estante a su izquierda, la discriminación que conoces es la victimización de otros por medio de la fuerza.

–Pasa todos los días, pronunció Luis.

–Dame un ejemplo de lo que llamas discriminación y asegúrate que no sea una ilusión de tu parte.

–¿Una ilusión?, preguntó Luis.

–Mucha gente se queja de discriminación, dicen que otros no los tratan con dignidad y respeto. Voy a hacerte una pregunta y quiero que la contestes basado en lo que has aprendido hasta ahora.

Por primera vez don Raúl puso a prueba la sabiduría de su estudiante.

–Adelante, dijo Luis, listo para usar sus conocimientos.

–¿Qué es la discriminación?

–¿Es todo?, yo pensé que iba a preguntar algo más profundo, comentó Luis con un tono desafiante.

–Las preguntas más sencillas son las mas difíciles y profundas, manifestó don Raúl al tomar un libro.

–Usted contestó la pregunta, la discriminación es la victimización de otros por medio de la fuerza, dijo Luis.

–¿Es todo?, replicó el maestro, alzando las manos.

–No, yo sé que hay discriminación porque lo oigo todos los días.

–Sí Luis, hay personas que todavía abusan abiertamente de otros sin pensar que se pisotean a sí mismos, y prevalece en Latinoamerica y Europa.

–¿Entonces qué es lo que vemos en la tele?

–Piensa Luis, ¿quién está a cargo de la manera en que te tratan?

–Pues yo.

–Así es, y desde ese punto de vista, ¿qué puedes hacer si alguien te trata mal?

–¡Lo puedo reportar!, exclamó Luis.

–Vamos Luis, dáme una explicación más digna de tí.

–Si alguien me maltrata, me preguntaría ¿qué tuve qué ver con el problema?, dijo el aprendiz recordando sus estudios.

–Además mi reacción al mal trato es más importante que el trato mismo.

–Ahora díme, ¿qué opciones te da esta forma de pensar?, continuó don Raúl.

–En primer lugar, puedo luchar por que no se repita esta actitud, también puedo ignorar lo que me dicen, ya que el rencor solo sirve para destruir la armonía. Por último, puedo perdonar al que me maltrata y aprender de mi experiencia, dijo Luis con un gesto de sorpresa por sus conocimientos.

–¿Ves cuantas opciones tienes cuando te haces cargo del asunto?

–Si, nunca había pensado en esta forma.

–La mayoría de los casos de discriminación en los Estados Unidos pasan porque la gente los permite, si lo permites, es posible que sufras cualquier mal.

–¿Qué se puede hacer?, preguntó Luis.

–Opta por pensar como **Martin Luther King, Jr**, el gran activista de los años sesenta. Basó su vida filosófica en la igualdad de los derechos civiles, hablaba de amor y perdón al prójimo y no de violencia, predicaba la aceptación de la responsabilidad personal del resultado de nuestras acciones.

–Eso me lo dijo este libro, comentó orgulloso.

–Entonces, ¿por qué hay tantas personas que proclaman discriminación?

–Muchos lo hacen con el fin de culpar a otros por sus problemas.

–O sea que actúan en contra del primer paso al progreso, dijo Luis pensativo.

–Exactamente Luis, no se dan cuenta de que para resolver sus problemas sociales, deben desear de corazón un mundo mejor y pensar sólo en su realización.

–Creen que la sociedad les debe algo por ser hispanos o por ser pobres, ésta es una ilusión, una mentira.

–En casi todos los casos la discriminación consiste en la realización de sentimientos de inferioridad de parte de la víctima, la gente no tiene otra palabra para decir que se siente menos y usa la discriminación como salida.

–¿Entonces no existe?, insistió Luis.

–Existe mucho menos de lo que escuchas, la mayoría son conclusiones que la gente hace para justificarse, excusas por su falta de amor al prójimo.

De algún modo don Raúl decía la verdad, Luis había pensado que vivía en un país que no lo quería por ser hispano y se sintió feliz al haber aprendido algo muy importante.

–***Abraham Lincoln*** dijo una vez: *"Elimina a tu enemigo, ámalo"*, piensa y actúa como si no hubiera gente buena o mala en el mundo, sino solo maestros divinos, especialmente los que te causan problemas, todos te recuerdan lo que necesitas aprender para superarte. Si piensas así tendrás maestros en todas partes.

–Voy a comenzar a pensar así, exclamó Luis.

–Escucha bien ésto, dijo don Raúl sentándose junto a su alumno.

–Vivió una vez en los Estados Unidos un hombre llamado Marco, le gustaba mucho el futbol y jugaba seguido con sus amigos. Un día leyó una convocatoria en la cafetería de empleados del lugar donde trabajaba, buscaban jugadores para el torneo de verano.

–Decidió participar y cuando llegó a la junta preliminar, notó que todos hablaban solamente inglés, además, usaban uniformes diferentes a los que estaba acostumbrado.

–El capitán del equipo le dijo a Marco que cuando estuviera listo, con gusto lo integrarían, entre tanto su lugar estaría en la banca para aprender las jugadas.

–Se parece a lo que pasa en el trabajo, dijo Luis.

–Hay varias lecciones en esta historia Luis, en primer lugar, ¿crees que haya sido discriminación lo que le sucedió a Marco?

–Si no habla inglés, ¿qué espera?

–Muchos dirían que lo deberían integrar de cualquier manera, dijo don Raúl.

–De hecho lo estaban integrando pero se tenía que quedar en la banca.

–Exacto, pero muchos creían que le tenían que dar la oportunidad de jugar, aunque, por su falta de inglés, pudiera perjudicar al equipo en vez de ayudarle.

–Bueno, si sabe jugar, ¿qué tiene que ver que no hable el idioma?, preguntó Luis desafiante.

–Si el equipo no puede acoplarse a Marco, no tienen porqué ponerlo a jugar.

–Lo del uniforme no tiene porqué hacer que se sienta mal, ¿verdad?, preguntó Luis.

–No debería, pero así es; si Marco quiere formar parte del equipo, debe aprender como hacerlo, debe acoplarse al equipo y no al revés.

–Entiendo, dijo escribiendo Luis.

–En segundo lugar, debe aprender a hablar con los integrantes del equipo en el idioma que hablan, dijo don Raúl alzando la mano derecha.

–Bueno, siga.

–Por último, Marco debe pensar que para formar parte del equipo y ser un miembro productivo, debe usar el uniforme que le pidan y buscar la manera de ser útil a sus compañeros, ¿estás de acuerdo?

–Sí, don Raúl, estoy de acuerdo.

–Eso pasa en la sociedad Luis, venimos a los Estados Unidos y esperamos que nos integren al equipo sin hacer algo primero, y cuando no lo hacen, gritamos a los cuatro vientos que no nos quieren, argumentó don Raúl.

–Algunas personas se enojan y otras se conforman, dijo Luis tristemente.

–El conformismo es casi una epidemia, respondió don Raúl con un tono triste.

–Conozco a mucha gente que prefiere quedarse en la banca y no participar, así se sienten felices, dijo Luis mirando a su maestro.

–Los que se conforman con quedarse en la banca nunca llegan a ser titulares, ya lo decía **Emerson**: *"Para ser mujer u hombre de bien debes ser no-conformista y confiar en tu propia ley ética, y en silencio, pensar por cuenta propia".*

–Si quiero progresar debo dejar la banca y participar.

–Sí Luis, y no pierdas de vista la moraleja de esta historia, piensa; cuando eras niño, ¿juntabas a todos los vecinos para jugar o buscabas primero a los mejores?, examinó don Raúl.

–Buscaba a los mejores, claro.

–Entonces reconoces que es parte de la naturaleza humana buscar a los que mejor llenen los requisitos, ¿verdad?

–Sí.

–Díme, ¿qué se puede hacer para participar activamente en la sociedad norteamericana?, preguntó don Raúl.

–¿Hacer lo mismo que tendría que hacer Marco para que lo integren al equipo de futbol?

–Exacto, sigue el quinto paso al progreso que dice: *intégrate a la sociedad.*

–Para progresar únete al equipo mayoritario de este país, las personas que progresan saben que por sí solos no pueden lograr sus sueños, y reconocen que necesitan a sus semejantes.

–¿Entonces porqué a veces se molesta la gente cuando nosotros lo que queremos es sólo trabajar?

–Porque *sólo* quieren trabajar, el vivir en este país tiene muchas responsabilidades aparte de trabajar, le dijo don Raúl al tiempo que se levantaba.

–¿No basta con venir a trabajar?, preguntó Luis.

–Piensa en el equipo de futbol, ¿crees que los jugadores sólo se dedican a jugar?, o ¿crees que tienen reuniones y prácticas?

–También tienen juntas y practican.

–Claro, sin esta parte de su trabajo no llegarían lejos como equipo, ésto es lo que ignora la gente que sólo viene a trabajar.

–Al dedicarse solamente a trabajar es fácil ignorar la educación de los niños y dar la responsabilidad de la armonía en el hogar a una sola persona.

–Ya entiendo, vivir en los Estados Unidos significa no sólo trabajar, sino también participar, acabó Luis.

–Asi es, los padres que progresan se mantienen activos. Participan en las juntas dándole atención y amor a sus hijos, así se aseguran que al crecer serán miembros productivos en la sociedad.

–¿Qué más pueden hacer para integrarse a la sociedad?

–Aparte de participar en las escuelas, pueden ayudar en su iglesia como voluntarios.

–Voy a escribir eso, un segundo, dijo Luis emocionado.

–También pueden formar parte de asociaciones que prestan apoyo, y se ayudan los unos a otros.

111

–¿Qué clase de asociaciones hay?, preguntó Luis.

–Hay miles de asociaciones, es cuestión de investigar y puedes unirte a ellos muy fácilmente. Si tienes tiempo, busca por lo menos tres, enfócate en la escuela, la iglesia y la comunidad, dijo don Raúl.

–Entiendo, si quiero formar parte del equipo, debo dar los pasos para ser alguien que pueda contribuir y ayudar, proclamó con orgullo Luis.

–Exacto, cuando vayas a Roma, haz lo que los romanos, *para progresar, haz lo que hacen los que progresan.*

Luis dió vuelta a la hoja de su cuaderno, la había llenado de apuntes, luego dijo: Este paso, intégrate a la sociedad, es muy importante para poder darle lo mejor a mi familia y sentir el calor de mi comunidad.

–Te brinda la oportunidad de ayudar a personas que piensan como tú y que quieren un mundo mejor, dijo sonriendo el maestro.

–Muestra tu entusiasmo y únete a grupos cívicos que apoyen tus causas, si ves la televisión en vez de participar, piensa en lo que estás haciendo. Hazte esta pregunta, ¿qué estoy haciendo por participar activamente en la sociedad?, aparte de trabajar, claro.

–Finalmente, recuerda el dicho: *Dime con quien andas y te diré quien eres.* Esto es muy importante ya que tus amistades tienen una gran influencia en tu manera de ver las cosas.

–¿Cómo influyen en mí mis amigos?, preguntó Luis.

–Si pasas mucho tiempo con personas negativas, en poco tiempo te harás igual. Del mismo modo, si andas con personas optimistas, así pensarás en poco tiempo, este es un hecho sociológico. No hay duda que la presión que ejercen las personas con quien te juntas puede ayudarte o te puede perjudicar, muchas veces sin que lo sepas tú.

–Esto no significa que tengas que cambiar de amistades, pero de vez en cuando mira a tu alrededor y nota lo que has creado para tí y tu familia.

Don Raúl parecía hablar inspirado.

–Preguntate, ¿en qué clase de persona me estoy convirtiendo como resultado de esta relación?, ¿me ayuda pensar de este modo?

–Estas son preguntas difíciles de contestar, pero creo que tiene razón, manifestó Luis al tiempo que se levantaba.

–Espero un resumen de ésto, dijo don Raúl al abrir la puerta.

Antes de despedirse, el maestro le dió a Luis una nota y dijo:

Esto te servirá para recordar lo que aprendiste hoy.

Al llegar a su casa Luis comenzó el acostumbrado resumen y esto fue lo que escribió:

Resumen del Quinto Paso al Progreso
Intégrate a la Sociedad

1. Conocí a mi yo divino.

2. Dejé de usar la palabra "pero".

3. La discriminación es una idea, una ilusión.

4. El mundo entero es mi familia.

5. La sociedad no me debe nada.

6. No hay gente buena o mala, sólo hay maestros divinos.

7. Si aprendo inglés aumentaré mis oportunidades.

8. Debo acoplarme al sistema.

9. Buscaré la manera de serle útil a la sociedad.

10. Si me corformo con quedarme en la banca nunca seré titular.

11. No solo vengo a trabajar.

12. Buscaré como ser voluntario en la iglesia.

13. Para progresar, debo hacer lo que hacen los que progresan.

14. Cuidaré muy bien mi tiempo y con quién lo paso.

Luis leyó la nota que le dejó don Raúl y ésto tenía escrito:

> La Integración Social
> consiste en Aprender Las Reglas
> del Juego, Seguirlas
> y Dar lo Mejor de Sí a la Comunidad
> Esperando Nada a Cambio.

12 *Sexto Paso*

Balancea Tus Actividades

La confusión se apoderó de Luis la tarde en que fue a visitar a su maestro.

–Te veo distraído, ¿en qué piensas?, preguntó don Raúl amorosamente.

–No sé, siento como si hubiera estudiado toda la noche.

–Estás pensando en todo y en nada, ¿no es así?

–Sí, no lo entiendo.

–Lo que sientes se llama sobresaturación. Pasa cuando piensas en muchas cosas nuevas al mismo tiempo. Es común cuando los estudiantes intentan aprender lo de un semestre en tres días. Quieres aprender lo de toda una vida en unas cuantas horas, dijo don Raúl mirando a su estudiante a los ojos.

–¿Qué puedo hacer?

–Imagina que tu mente es un bombillo de luz que al encenderse, emite rayos en muchas direcciones.

–Bueno, dijo Luis al cerrar los ojos.

–Si enciendes esta luz, el foco ilumina muy poco porque tiene setenta y cinco watts de potencia.

–¿Qué tiene que ver eso con lo que siento?, dijo Luis al no ver la relación de la historia y su confusión.

–Estás pensando igual, tus pensamientos andan por todas partes y por eso estás confundido, la mente no puede con tantas ideas al mismo tiempo.

Don Raúl siguió explicando.

–Si tienes los pensamientos dispersos, tu confusión aumenta, lo puedes evitar pensando solamente en lo que quieres.

–¿O sea que no debo pensar en lo demás?, dijo Luis, aún sin entender.

–Es imposible confundirse cuando piensas en algo específicamente, por eso te he pedido que escribas todo. Comienza a usar la mente como un laser.

–¿Un laser?

–Sí Luis, un laser con la misma potencia que este foco, puede penetrar y cortar un metal, es tan poderoso que un solo rayo puede ser proyectado a la luna y su reflejo visto en la tierra, dijo don Raúl alzando las manos al cielo.

–¿Y sabes porqué?

–No don Raúl.

–Si comparamos un rayo laser con un bombillo de igual potencia, lo que tenemos es que los rayos del bombillo están dispersos y los del laser están enfocados, el laser tiene más poder porque todos los rayos se combinan para formar uno. Si quieres claridad piensa solamente en una cosa a la vez con toda tu energía. Usa los resumenes para aprender una idea por día, es muy fácil. Los grandes personajes de la historia que has estudiado así pensaban, hicieron realidad sus sueños porque le dieron toda su atención y energía a un solo propósito, terminó don Raúl.

–¿Cómo sé qué debo pensar?, todo me parece importante.

–Me agrada que contestes tus propias preguntas, replicó don Raúl.

–¿Contesté mi propia pregunta?

–Dices que todo es importante..., y lo es, ahora enfócate como rayo laser en cada área. Te di las categorías en la primera sesión, dijo don Raúl al mismo tiempo que tomaba la libreta de Luis y se la daba.

–El sexto paso al progreso es *Balancea tus actividades*, dijo complacido don Raúl.

–¿De qué se trata?, preguntó el aprendiz.

–El balance es uno de los secretos del universo, todo requiere equilibrio incluyendo la atención.

–Ahora escucha bien lo que te voy a decir, yo personalmente, he tenido separaciones muy dolorosas a causa de no tener balance, don Raúl nunca había mostrado tanta emoción, parecía que sufrió a causa del desbalance, no permitas que tu vida sufra del desbalance. Mejor sigue el buen consejo del gran **Leonardo DaVinci**.

–¿Qué consejo es ése?, pregunto Luis curioso.

–Hace más de cuatrocientos años el gran maestro dijo que *de vez en cuando debemos alejarnos de nuestros proyectos y buscar la calma*. Dijo que al volver a nuestras actividades *tendríamos el juicio más certero ya que el trabajo constante causa que se merme la percepción.* **DaVinci** dijo: *"Vete a un lugar distante a tu trabajo y éste aparecerá más pequeño y más podrás realizar, y podrás ver una falta de armonía y proporción, si existe".*

–Entiendo, manifestó Luis.

–Muchas personas se concentran sólo en trabajar y descuidan su salud mental y espiritual, por eso tienen muchos problemas, hacen una cosa y descuidan las demás. Creen que tienen que trabajar todo el tiempo, pero eso es un error. Si lo proclamó alguien como DaVinci, más vale que lo creas.

–Creo que entiendo, dijo Luis comenzando a escribir.

–Otros piensan que ganar dinero lo es todo, viven preocupados por los bienes materiales sin pensar en la educación como una forma de riqueza, buscan los símbolos del progreso que pueden ser una casa, un auto o dinero. Cuando piensan así, quieren tener más que sus vecinos y nunca tienen paz.

–¿Y qué pasa con ellos?, preguntó Luis.

–Viven dominados por el ego, y no han aprendido que los símbolos del progreso dan felicidad temporal.

–¿Entonces el dinero y los bienes materiales no son buenos?

–Más adelante te explico esto Luis, por ahora entiende que lo material *no puede* ser responsable por lo que uno siente. La necesidad de tener siempre más provoca sentimientos de temor e inseguridad. Esa *necesidad* es lo que nos mantiene inquietos. Podríamos decir que la necesidad insaciable es lo malo, no los bienes.

–¿Me puede dar otro ejemplo?

–¿Has visto las entrevistas que le hacen a los artistas en la televisión?, preguntó don Raúl.

–Sí, claro, el otro día entrevistaron a alguien muy famoso.

–Cuando le preguntaron sobre su esposa, ¿qué dijo?

–Que se estaba divorciando.

–Muchos artistas viven con un gran vacío en sus vidas porque están en desbalance.

–Le han dado tanta atención a su carrera artística que pierden su estabilidad emocional y familiar.

–Déme otro ejemplo, por favor.

–¿La mayoría de los inmigrantes a qué vienen?

–A trabajar, dijo Luis pensativo.

–Exacto, por eso tienen problemas, cuando la única actividad mental y física es el trabajo, lo demás sufre.

–Si vengo a trabajar y no pienso en el progreso, ¿por qué no mejoro?, interrogó don Raúl.

–Porque solo piensas en trabajar.

–Sí Luis, ahora dime, si pienso en mi familia y pienso en el trabajo, ¿qué pasa con mi salud física y mental?

–Es posible que la descuide.

–Exacto, y esta es una de las razones por las que hay tantas enfermedades.

–¿Cómo puedo balancear mis actividades?, preguntó Luis interesado.

–Dále atención a cada área de tu vida, todo es importante y todo cuenta.

Luis se sentía contento cuando su maestro lo ponía a prueba de esta manera.

–¿Qué pasa si descuido mi salud mental?

–Las personas que hacen esto viven plagados de indecisiones, dudas, falsos temores, y se vuelven cínicos. Por otra parte, con mala salud física, duermen mucho y no tienen energía para hacer lo que se proponen.

–¿Cínicos?, preguntó Luis al oír una palabra nueva.

–Han caído tanto en la trampa del ego que cuando oyen una verdad que les puede cambiar la vida, la rechazan, se justifican con toda clase de excusas que los mantienen en esa posición, dicen que a ellos les tocó sufrir o que se deben sacrificar por sus hijos o que no pueden cambiar su forma de ser.

–¡Esas son excusas!, proclamó Luis.

–Este es uno de los retos más grandes en la vida, miles de personas inteligentes viven en desbalance, víctimas de su propia identidad falsa. No es fácil convencer a la gente de que tiene el poder para mejorar cualquier situación en su vida, dijo seriamente don Raúl como si estuviera pensando en algo, aunque sean tus seres queridos.

–Esto lo acabamos de ver cuando hablamos en el jardín, ¿recuerdas?, cuestionó el maestro.

–Sí, recuerdo pero, ¿me va a decir como balancear mis actividades?, dijo Luis ansioso por saber la respuesta.

–Dále tiempo a todas las áreas de tu vida y recuerda que todas son importantes, contestó don Raúl luego de una pausa.

–También practica la meditación, aprende a apreciar las bellas artes, aprende a tocar un instrumento musical, haz viajes cortos al campo, al mar, busca tener un pasatiempo y practica lo que has aprendido.

–De ahora en adelante, le daré tiempo a cada cosa y usaré el pensamiento para enfocarlo en lo que deseo.

Don Raúl parecía un poco preocupado, como un padre que está a punto de revelarle algo muy importante a su hijo. Al verlo así, Luis se recargó hacia adelante en seña de que estaba poniendo atención.

–Lo que sigue es quizás lo más importante que vas a aprender. Lo menciono con el fin de que estés listo para hacerle frente a cualquier problema, y no con el fin de culpar a otros por la manera en que fuiste educado.

–Sí don Raúl, dígame, dijo Luis impresionado.

–Lo que vas a aprender "*és*" y es todo, advirtió don Raúl, vas a tener que hacerle frente a un dragón que mantiene presas a miles de personas.

–¿Un dragón?, peguntó Luis.

–Sí Luis, un *dragón mental* que de vencerlo, serás feliz y completo. Tiene varios nombres y nosotros lo vamos a conocer con el nombre de *ego*.

–He oído esa palabra, *ego,* ¿de qué se trata?

–Es la parte de tí que aprendiste de niño, tu identidad, que por ahora sirve para alejarte de lo que deseas y mantenerte en un constante estado de inseguridad.

–¿Cómo me afecta el ego?, preguntó Luis.

–Te lo voy a explicar, dijo don Raúl al tiempo que se levantó y caminó hacia su inmenso librero. El maestro sacó un libro café y comenzó a leer en voz baja, miró a Luis y comenzó su explicación.

–Hay en tí dos partes mentales; el ego y el yo divino, el *ego* funciona como el guardián de la puerta hacia el progreso y busca eliminar a las personas que quieren pasar.

–¿Lo tenemos todos?

–No hagas preguntas hasta que termine de explicar las teorías y sus aplicaciones, ¿de acuerdo?

–Si don Raúl, disculpe.

Sin titubear, el maestro comenzó la sesión que dejaría una huella en Luis por el resto de su vida.

–Los pasos que has aprendido te servirán para hacer del ego tu maestro en vez de tu enemigo, así disfrutarás más de tu estancia en la tierra.

Luis no entendió lo que quiso decir su maestro.

Don Raúl siguió hablando.

–Todos y cada uno de los seres vivientes fueron creados con el fin de establecer una armonía y un equilibrio celestial, tú también estás aquí con un propósito, y pronto sabrás cuál es.

Don Raúl sabía que Luis había aprendido mucho en los últimos días y que esta sesión sería muy importante.

–Las religiones del mundo lo predican, aunque debido al ego, muy pocas personas lo aceptan.

–El Cristianismo dice: *"el reino de Dios está en tí"*.

–El Budismo dice: *"mira hacia dentro, tú eres el Buda"*.

–El Islam dice: *"Aquellos que se conocen a sí mismos, conocerán a su Dios"*.

–Yoga dice: *"Dios vive en tí, eres tú"*.

–En Vadanta dicen: *"Akman, conciencia individual, y Brhaman, o conciencia universal, son una sola"*.

–El texto antiguo de los hindús, el Upanishad dice: *"Al entenderse a sí mismo se conoce el universo"*.

Luego de una larga pausa don Raúl continuó.

–La fuerza divina, o Dios está en nosotros desde que venimos a la tierra, no tiene forma y no muere, sólo se transforma, del mundo invisible al visible, la ciencia lo ha confirmado y hoy te pido que lo aceptes.

–¿Entonces, mi esencia está en todo lo que me rodea?

–Sí Luis, por eso cualquier acción mental, emocional o física causa una reacción en el universo.

–Todo está conectado y si tus acciones son positivas, eso es lo que recibes.

–Entiendo, ¿qué es el *yo divino*?

–Es el ser que tienes dentro y es la expresión pura de tu esencia. Fíjate bien en los niños, ellos son la máxima expresión de la divinidad. Cuando *te conviertas* en tu *yo divino* conocerás la paz como nunca imaginaste.

Don Raúl siguió hablando sin permitir interrupción.

–Al comenzar tu educación, nace *la idea equivocada* de tí mismo, *el ego.* Esta parte de tí es una idea que aprendes de las personas que te criaron y se hace tu realidad cuando crees en la identidad falsa que otros te dan. Al llegar a la edad escolar, la turbulencia mental aumenta cuando te das cuenta que no eres tan especial como te aseguraron, te pones una máscara social y comienza la necesidad de que tus seres queridos aprueben lo que haces. Criticas a otros, haces alarde de su inferioridad y hablas de tu grandeza pensando que así vas a recibir amor.

–¿Qué le pasa al *yo divino*?, proclamó Luis.

–Cuando te domina la idea falsa del ego, el yo divino queda olvidado, ésto te provoca un martirio, vives con angustia, miedo, duda e ira, ya que la misión del ego es separarte de Dios, tu esencia, dijo don Raúl con tristeza.

–¿Si me da un ejemplo?

–El ego es un río eterno de infelicidad, logra su propósito usando tu imaginación para distorsionar el amor puro de tu yo divino. Cuando amas, el ego busca conflicto, siempre quiere tener la razón y te aleja de otros, cree en el cuerpo físico y la individualidad, mientras que el *yo divino* sabe que el cuerpo es mortal y sólo el espíritu es eterno.

    –El ego siempre quiere imponer su voluntad, pone a prueba a la gente que lo quiere amar para ver si lo "merecen" y es sumamente matrialista. Expresa la ira cuando siente que lo hacen menos, cree en su superioridad y la inferioridad de otros, se molesta cuando no aceptan sus órdenes, trata de intelectualizar hasta al amor y no cree en Dios, solo en sí mismo y su satisfacción personal.

    –Por otra parte, el *yo divino* sólo quiere balance, armonía y paz, es noble, humilde y no le teme a nada. No discute con otros y se entrega por completo ai amor incondicional.

    –¿Qué es el amor incondicional?, preguntó Luis.

    –Es la energía que mantiene unido al universo, es el amor que una madre siente por sus hijos cuando los tiene en el vientre, es el amor puro que no espera nada y la dicha que un bebé vive antes de aparecer el ego.

    –Recuerda Luis, donde vive el ego no hay amor, sólo condiciones: "Si no me complaces, ya no te voy a amar" es la forma más negativa de expresión y la más común en una relación, ésto tambien se conoce como chantaje emocional.

    –¿Chantaje emocional?, preguntó al fin Luis.

    –Cuando alguien te dice que sufrirá si no haces lo que te pide, es posible que esté usando esta forma de manipulación. En el fondo necesita ofenderse por tu culpa y hacer alarde de una grandiosidad falsa.

    –Por otra parte, el *yo divino* ama sin esperar algo a cambio, no existen las apariencias, sólo el espíritu y acepta al prójimo porque lo ve como a sí mismo. Al creer en tu divinidad podrás comenzar a vivir en la idea del yo divino, y podrás pensar como los grandes maestros espirituales, como la **Madre Teresa** que dijo al trabajar con los deamparados de Calcutta: *"Yo veo a Dios en todas las personas, aunque lleven un disfráz angustioso"*.

–El ego es cínico y no acepta lo que no puede comprobar con datos científicos, si alguien le dijera una verdad indiscutible, la atacaría con chismes, críticas, burlas y escepticismo.

–El *yo divino* acepta todo usando sus sentimientos como guía, basándose en ideas y no en datos.

–¿Así pensamos todos?, preguntó Luis.

–No todos, sólo los que viven dominados por su ego, desgraciadamente, la mayoría vive con una idea falsa de sí mismos, las trampas del ego son muy poderosas.

–¿De qué trampas habla?

–Cuando el ego domina la mente, *quieres vivir de acuerdo a condiciones impuestas por otros* y crees que eres víctima cuando otros se niegan a seguir tu estilo de vida, y hablas de lo mal que te tratan.

–¿Víctima?

–Si te educó alguien que sentía que era víctima, es posible que eso mismo lo cargues contigo. Inconscientemente escuchas la voz de tu familia diciéndote como deberías llevar tus actividades diarias.

–Otra trampa consiste en creer que *más es mejor*, más dinero, ropa, carros y joyas. El ego necesita presumir de sus bienes materiales y nunca está satisfecho. Habla de su importancia y estatus social, quiere los regalos más extravagantes, las mejores vacaciones y la casa más grande del vecindario, presume lo que hizo ayer y a donde fue, muestra los símbolos de éxito como si fueran la felicidad misma.

–¿Cómo puedo superar mi ego?

–El ego no se supera, se trasciende, don Raúl se levantó y caminó hacia su librero favorito.

–El eminente psiquiatra, **Carl Jung**, nos puede iluminar con su teoría de la madurez humana.

Don Raúl tomó un libro verde y comenzó a leer.

–Según Jung la evolución personal del ser tiene cuatro niveles, el primero lo llama *el atleta*, aquí te identificas con la belleza y el poder del cuerpo físico. Dificilmente vives sin un espejo y necesitas la aprobación de otros para sentir seguridad, crees que tu cuerpo te puede traer la paz que necesitas. Si tu identidad está centrada en la belleza física, es posible que estés en ese nivel.

–El segundo nivel se llama *el guerrero*, aquí tu mente está dominada por completo por el ego, sólo te importa dominar a los demás. Haces de la manipulación, control y chantaje emocional tus armas, así logras lo que quieres. Aquí te importa mucho ser el número uno, existe mucha ansiedad y preocupación por aquellos que no están de acuerdo con tus logros. Cuando te topas con personas que no están dispuestas a darte lo que quieres, las rechazas, y ellos siempre tienen la culpa por lo que sientes.

–El siguiente nivel se llama *el servidor*, aunque atlético y a veces guerrero, el propósito de su vida es servir al prójimo. Aquí te encuentras más cerca a Dios y tu ego está casi eliminado del pensamiento, tienes la felicidad y paz interna para dejar entrar el *yo divino*. Puedes amar y perdonar porque aceptas a los demás como hermanos en espíritu y compañeros en el camino a la evolución.

–El cuarto nivel es *el espíritu*, dónde el *yo divino* reina por completo en tu conciencia. Vives en el mundo, del aquí y ahora, pero sabes que no eres de este mundo, sabes que primero eres un ser espiritual y después un ser físico, conoces a Dios. Aquí tus deseos se manifiestan como por milagro, y este es el nivel al que han aspirado llegar todos los hombres de todos los tiempos.

–Estas etapas no tienen que ver con tu edad. Hay personas que a una edad muy temprana evolucionan, y hay otras que pasan toda su vida estancadas en una sola.

–¿Cómo se llega al ser divino?

–Recuerda que tienes poder sobre tus pensamientos, por lo tanto, tú eres el único que los puede cambiar con una simple decisión.

–¿Qué decisión es esa?, exclamó Luis.

–La de amar y servir a Dios, sabiendo que Dios es todo lo que ves y lo que no ves, que está en todo, y que ese todo te incluye a tí.

–¿Es todo lo que tengo que hacer?

–Sí Luis, pero es posible que encuentres oposición, tu propio ego y el de tus seres queridos tiene cientos de años de existencia y sentirás su resistencia.

–¿Qué más puedo hacer para aprender sobre mi ego y acercarme más a mi *yo divino*?

–La lista es interminable; en primer lugar, *perdónate a tí mismo*, en el fondo eres un ser divino y ahora es tiempo de hacerte cargo de tu propia identidad.

–Nunca había pensado así, murmuró Luis.

–Busca la manera de servir a tus semejantes y vas a sentir la dicha de acercarte al *ser divino*.

–¿Qué más?

–Guarda silencio y escucha la voz de Dios, cuando meditas en Hakalau, practica esta disciplina y tendrás paz.

–¿Con sólo quedarme callado?

–El silencio del que hablo es mental, por un tiempo guarda silencio en la mente para reducir la turbulencia del diálogo interno. Imagina que tu mente es como un lago cristalino que en la superficie, tiene muchas olas, o turbulencia. Al penetrar la superficie mediante el silencio, hallarás un mundo diferente y lleno de paz.

En el silencio está tu esencia, Dios, escúchalo atentamente y te dará todas las respuestas que buscas. Examina lo que crees y cambia lo que te mantiene atado al ego, cambia las ideas falsas que tienes de tí mismo.

–El ilustre poeta argentino ***Francisco Luis Bernández*** lo dice muy bien:

> No digas nada, no preguntes nada
> Cuando quieras hablar, quédate mudo:
> Que un silencio sin fin sea tu escudo
> Y al mismo tiempo tu perfecta espada
>
> No llames si la puerta está cerrada
> No llores si el dolor es más agudo
> No cantes si el camino es menos rudo
> No interrogues sino con la mirada
>
> Y en la calma profunda y transparente
> Que poco a poco y silenciosamente
> Inundará tu pecho de este modo
>
> Sentirás el latido enamorado
> Con tu corazón recuperado
> Te irá diciendo todo, todo, todo.

Luis suspiró al escuchar la belleza del poema.

–Por hoy, acepta todo lo que te rodea.

–***Pascal*** también dijo una vez: "*La miseria del hombre proviene de su inabilidad de sentarse en silencio, en un cuarto, solo y sin hablar ni a sí mismo*".

Luis se levantó al tiempo que don Raúl le dijo: No te muevas, no hemos terminado.

–Para llegar al *ser divino* tambien debes trascender el cuerpo físico, eliminando las adicciones.

–Está bien, dijo Luis.

–Incluye las adicciones emocionales como el ser adicto a tu pasado con rencor, al temor, a la ira, esa necesidad de ofenderte y criticar a los demás.

–Platicamos de ésto cuando hablamos de mis reacciones, ¿verdad?

–Sí Luis, lo que has aprendido hasta ahora, *te va a servir para aprender del ego, y trascenderlo.*

–¿Qué más puedo hacer para acercarme al *yo divino*?

–Ríndete ante lo que quieres, deja de preocuparte por el futuro y ten confianza en tu habilidad de manifestar lo que piensas. Por último, deja de tratar de controlar a tus semejantes, los celos, el machismo, el feminismo y la manipulación son expresiones de inseguridad, deja de dudar y tendrás paz.

–Pero, ¿qué tal si me dan razones para dudar?

–Nadie te puede *dar* algo, mira hacia adentro y elimina la causa de tus celos. La respuesta, como siempre, está en tí, don Raúl se levantó y caminó rumbo a la puerta.

–Antes de que te vayas quiero hablarte un poco de tu pareja. Cuando te enamoras, lo haces del yo divino en ésa persona, con el tiempo aparece la tensión provocada por el ego, y la posibilidad de una batalla campal por que uno de los dos cambie a nombre de valores o tradiciones.

–¿Cómo?, no entiendo.

–Las parejas se separan porque el ego de uno de los dos triunfa sobre el yo divino que provocó el amor para empezar. Si tienes que hacerte como otra persona y existe tensión a causa de ésto, el ego está de por medio.

–¿Cómo voy a saber si esto está pasando?

–Habrá exigencias de parte de tu pareja, demandas y condiciones a su amor, celos inexplicables, inseguridades y falta de amor incondicional.

–Pero, ¿qué remedio tiene esta situación?

–Muchas veces con hablar francamente lo puedes remediar, otras veces, hagas lo que hagas, las influencias externas habrán hecho un caso en tu contra que no podrás superar. En ese momento, mejor despídete si puedes.

–Eso no me da muchos ánimos, don Raúl.

–Si tu pareja desconfía de tí, si te ha perdido el respeto y cree que eres deshonesto, y todo porque no son iguales de gustos y preferencias, su ego domina su conciencia y no ha superado su pasado.

–Pero no te desanimes Luis, este es el reto del amor de pareja y algo que ciertamente quieres tener en tu vida.

–El Dr. *Wayne Dyer* lo explica muy bien cuando dice que en una pareja, *cuando los dos nunca discuten y nunca hay pequeños disgustos y diferencias, uno de los dos no hace falta.* No es tu alma gemela la que te va a traer felicidad, es la persona con quien a veces tienes fricción.

–¿Qué?, dijo Luis sorprendido.

–Estas personas son tus maestros divinos que de vez en cuando te recuerdan que necesitas madurar y lograr la automaestría, respétalos y ámalos por su labor.

–*Dyer* tambien explica que para eliminar toda clase de problemas, debes saber decir: *"Tienes Razón".*

–No olvides que todo comienza y termina en tu mente. Guarda silencio y medita en la luz, verás que tu vida se llena de armonía y las respuestas te llegan facilmente.

–Grácias don Raúl, dijo Luis casi llorando.

Antes de despedirse, don Raúl comentó:

–Historicamente, el cuerpo físico ha sido plagado por enfermedades, y la ciencia casi ha eliminado hasta el cancer. El cuerpo emocional ha tenido también malestares que se presentan en la forma de cuatro emociones negativas que ya conoces.

–Ahora escucha, dijo el maestro seriamente y mirando a Luis a los ojos, el cuerpo mental-espiritual, donde nace todo, tiene otro tipo de verdugo, *la duda,* y la duda nace de la idea equivocada que tienes de tí mismo, el ego.

Luis se fue agradecido por haber aprendido tanto en esta sesión. Comenzó a escribir su resumen y este fue el resultado:

Resumen del Sexto Paso al Progreso
Balancea Tus Actividades

1. Pienso solamente en lo que quiero y en nada más.

2. Uso mi mente como laser.

3. Pensaré en cada área de mi vida por separado.

4. Los símbolos del progreso no llevan a la felicidad.

5. El ego es la idea falsa que aprendí de mí mismo.

6. Ahora sé de donde vengo.

7. Tengo un propósito en la vida.

8. Conocí algunas trampas del ego.

9. Buscaré ser servidor para llegar a ser espíritu puro.

10. La conciencia es el conjunto de pensamientos que tengo regularmente.

11. Meditaré todos los días.

12. Dejaré atrás mis identidades falsas.

13. Por hoy, acepto todo tal y como es, y no como me gustaría que fuera.

14. Eliminaré mis adicciones físicas, mentales y emocionales.

15. Soy una criatura manifestadora de lo que pienso.

16. Usaré el silencio y Hakalau para conocer a Dios.

13 *Séptimo Paso*

Escribe Tus Propósitos

Dos días después Luis volvió a buscar a su maestro, lo encontró en el jardín.

–Estoy listo para aprender el séptimo paso al progreso, dijo en un tono confiado.

–Me agrada ver que se prendió el fuego en tu alma, hoy aprenderás a aprovechar tu tiempo en los Estados Unidos y veremos la manera de escribir tus propósitos para que éstos se cumplan.

El tono de voz de don Raúl hizo que Luis sintiera que estaba a punto de perder a su maestro.

–Presta atención, dijo don Raúl interrumpiendo los pensamientos de Luis, esta sesión es elemental, todas y cada una de las personas que hacen realidad sus sueños, practican este paso.

–Permítame sacar mi cuaderno para escribir, dijo Luis al mismo tiempo que se sentaba en el pasto y abría su libreta.

–Es tiempo de que camines por tu propia cuenta, pero antes quiero que me des un resumen general.

–¿De todo?, exclamó Luis con un gesto de sorpresa.

–Sí, Luis, de todo.

–Es mucho y no se si pueda, protestó Luis.

–Si hablas así, vas a perder a todos tus alumnos.

–¿Alumnos?, manifestó Luis.

–Así es, tus alumnos.

–Pero si yo no soy maestro, proclamó Luis.

–¿Eso crees?, preguntó seriamente don Raúl.

–Sí, ¿no?, titubeó Luis.

–Todos somos estudiantes y todos somos maestros, depende de la gente con quien hablas.

–¿Cree que sé lo necesario para ser maestro?, dijo Luis al mover la cabeza con un gesto de desaliento.

–Eso depende de tus respuestas, dime Luis, ¿a qué veniste a los Estados Unidos?

–Vine a progresar y eso incluye trabajar, aprender, participar, balancear mi vida, enseñar y amar.

–Ves lo fácil que es resumir lo que aprendiste?

–Si, lo veo, dijo Luis nuevamente sin titubear.

–Ahora dime en una oración los pasos que aprendiste, manifestó don Raúl sin intentar ocultar su gusto.

–Para lograr cualquier cosa debo abrir la mente y soñar.

–Perfecto, ¿qué sigue?

–Convertimos las ideas en deseos cuando las hacemos grandes y poderosos.

–Un poco largo pero aceptable, sigue.

–Soy responsable por todo en mi vida, replicó Luis.

–Así me gusta, corto y entendible, sigue.

–Pienso solamente en lo que quiero, dijo seguro Luis.

–Al grano, así me gusta Luis.

–Conozco las leyes del pensamiento.

–Muy bien, dijo don Raúl luego de hacer una pausa y respirar profundamente, ¿qué sigue?

–Necesito estudiar y superarme, dijo Luis mirando los árboles a su alrededor.

–Sigue hasta que acabes.

–Debo formar parte del equipo de este país.

–Exacto, aprendes rápido.

–Tengo muy buen maestro, dijo Luis al volver a sentir que perdería a su amigo.

−¿Qué paso te falta?

−Debo balancear mis actividades y aprender de mi ego.

−Así llegas al último paso al progreso, y como dije antes, las personas que progresan hacen ésto como rutina.

−¿Qué hacen?, preguntó Luis.

−Escriben lo que quieren y toman acción para lograrlo.

−¿Es todo?

−Este paso pondrá en perspectiva todo lo que has aprendido.

Don Raúl tomo la libreta de su alumno y comenzó a dibujar.

−El tiempo de que dispones en este mundo lo debes aprovechar para lograr tu misión especial. Esta línea representa tu vida, de un lado está el pasado y del otro el futuro, tú te encuentras en el presente, en el ahora.

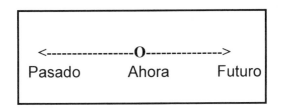

−Usando la imaginación puedes organizar tu memoria de este modo.

−Voy a imaginar que así está organizada mi memoria, ¿ahora qué?, dijo Luis siguiendo el ejemplo de don Raúl.

−Esta línea se llama *la línea del tiempo*, de esta manera organizamos la experiencia, el dibujo representa algo que todos tenemos en la mente, aunque a veces esté oculto.

−¿Para qué sirve la *línea del tiempo*?, preguntó Luis.

–Es una herramienta que sirve para aprender del ego y eliminar sus efectos negativos, puedes sanar heridas emocionales y hasta aliviarte de enfermedades.

–¿Usando esta línea?, exclamó sorprendido Luis.

–No Luis, usando la mente, la mente cura y enferma, dependiendo de lo que pienses y la manera en que trates las experiencias.

–¿Qué tienen que ver las experiencias?

–Lo que haces con la experiencia determina como salen las cosas en tu vida, de acuerdo a **Louise Hay**, la forma en que tratas la experiencia determina tu salud física y emocional. Tu biografía ultimadamente se convierte en tu biología.

–No entiendo.

–Analicémos una situación de la vida diaria, si cuando eras joven perdiste algo que querías, digamos una mascota, puede ser que de adulto tengas problemas para establecer y mantener relaciones con otros, te podría estar deteniendo el miedo a perder algo que quieres, y por lo tanto, mejor no te arriesgas a querer a alguien.

–¿Qué tiene que ver con el presente lo que pasó hace muchos años?, preguntó Luis listo para escribir.

–La experiencia se convierte en memoria tan pronto como ocurre el evento, si alguna memoria te causa dolor, entonces es parte de tu presente como lo fue en aquel entonces.

–Ahora entiendo menos.

–Si no aprendes de tus experiencias, entonces se convierten en lesiones, éstas lesiones se abren cada vez que piensas en el evento desagradable.

–¿O sea que debo sanar los eventos que me han causado dolor?, dijo Luis empezando a entender.

–Así es Luis, las lesiones del pasado se fortalecen si no las resuelves.

–Se dice que resuelves tus heridas cuando obtienes algo positivo de la experiencia, y lo aplicas para sanarlas.

–Creo que entiendo, dijo Luis sonriendo.

–¿Qué te pasó en la mano?, preguntó don Raúl al notar que Luis tenía una herida.

–Es sólo un raspón, me corté en el trabajo pero no es nada, mañana me quitaré la venda.

–¿Estás seguro?, preguntó don Raúl.

–Claro, es una herida pequeña.

–Usémos tu herida como ejemplo, Luis.

–Bueno, ¿qué está pensando hacer?

–¿Qué pasaría si cada tres horas te quitaras la venda y te tocaras la herida hasta hacer que salga sangre?

–Me dolería, dijo Luis, frunciendo el entrecejo.

–¿Y qué pasaría si cada que te encuentras con un amigo te quitas la venda y te haces sangrar otra vez?

–¿Por qué haría algo así?, dijo Luis desconcertado.

–Eso hacemos cuando alguien nos hace algo que el ego considera malo, ¿has oído a la gente que se queja de todo o que reprocha, y es rencorosa?

–Sí, pero, ¿qué tienen que ver con mi herida?

–Cada herida emocional que sufrimos causa una lesión en la mente, si hablamos de la herida, ésta se abre aún más, pronunció don Raús.

–Recuerda que tienes una mente y un cuerpo perfectos, para que el cuerpo sane le tienes que dar amor y cuidado, para que la mente sane le tienes que dar lo mismo, ¿no es fácil de entender ésto?

–Sí, suena fácil, ¿cómo lo hago?

–Primeramente, deja de quejarte en público, nadie puede cambiar lo que te pasó ni pueden cambiar el pasado, tienes que aprender a perdonar, ésa es la clave.

–Algo así como las comadres del vecindario, ellas se quejan de todo.

–En qué crees que piensan, ¿en lo bueno o lo malo?

–Seguramente en lo malo, acertó Luis.

–Exacto, el ego domina sus vidas y por eso tienen la vida que tienen, ellas mismas la están creando con sus quejas, no pueden sanar las heridas que sienten.

–A partir de hoy deja de decir que *te sientes mal*, o *que estás cansado*, o que *te duele algo*. Aunque así sea, si eliminas estos comentarios, comenzarás a eliminar el mal.

–Pero dígame, ¿cómo puedo sanar mis heridas?

–Si hay heridas en tu pasado, debes aprender de la memoria y llenar tu mente de amor y perdón.

–¿De qué clase de heridas habla?, preguntó Luis.

–Heridas de amor, corajes, celos, miedo, pena o tristeza, la lista es interminable, y al tener la mente llena de heridas no dejas fluir la energía divina y sufres.

Luis estaba muy sorprendido, ¿debo sanar cualquier evento de mi pasado que me causó dolor?

–Sólo los que te mantienen atado al mundo del ego, por ejemplo, si no sanaste después de un desaire amoroso, es posible que el rencor del pasado lo reflejes en tu presente.

–¿No es cierto que el tiempo sana las heridas?

–Muchas personas creen que la única manera de sanar las heridas emocionales es dejando pasar el tiempo. Usan el método del ego que consiste en tratar de olvidar y sentirse mal con el fin de recibir amor y atención de otros. Por eso tardan mucho para sentirse mejor, la *línea del tiempo* es el método del espíritu trabajando con la mente, así puedes sanar todo en muy poco tiempo.

–Dígame más sobre la línea del tiempo, suplicó Luis.

–Es una representación imaginaria que sirve para sanar el pasado y crear un futuro más pleno. El concepto y su aplicación vino de la necesidad de ayudar a la gente con sus problemas y los resultados han sido espectaculares.

–La línea del tiempo es uno de los adelantos científicos más poderosos que existen, dijo don Raúl.

–Bueno, ¿qué sigue?, comentó Luis sin entender mucho de lo que escuchó.

–Ahora ya sabes como el pasado influye en el presente, y como el presente determina el futuro. También sabes que si quieres pensar en el pasado, debes hacerlo a propósito y para aprender, no para recordar momentos desagradables y revivirlos. El pasado es tu maestro y cuando dejes de pensar en tus heridas con dolor, podrás aprender y podrás crear una vida plena.

–Entiendo, esto es muy interesante.

–Aparte de eliminar emociones negativas del pasado, la línea del tiempo nos sirve para planificar el futuro. Consiste en saber como escribir y pensar en tus propósitos.

–¿Qué son los *propósitos*?, preguntó Luis curioso.

–Son los pasos que debemos dar para llegar a nuestro destino, son un mapa para la mente.

–¿Por qué son importantes?

–Sin propósitos perderías la dirección de tu vida y no sabrías como lograr tus sueños, dijo don Raúl, complacido por la pregunta de Luis.

Luis siempre sintió que no sabía a donde iba con su vida y pensó que de algún modo don Raúl tenía razón.

El maestro siguió explicando, si hoy fueras a tomar un viaje, digamos a El Paso, ¿no te interesaría ver un mapa para saber cómo llegar?

–Claro.

–Un mapa es una representación del terreno por recorrer, e indica dónde están las gasolineras, los cruces de ferrocarril y las casetas de revisión de la "migra", dijo don Raúl al estirarse y repirar profundamente.

–¿Los propósitos son mapas para la vida?

–Exactamente, la gente que progresa tiene un mapa para cada área de su vida, terminó don Raúl.

–¿Cuál es la diferencia entre un sueño y una meta?, preguntó Luis mirando sus apuntes.

–Un sueño es parte del mundo espiritual y mental. Las metas son parte del mundo material, los sueños son nuestro destino final y las metas son los pasos que damos para llegar.

–Si fueras a El Paso, tu primer propósito sería salir temprano y ponerle gasolina al carro, después, tomarías un camino que te llevará a la carretera hacia El Paso. Pasarás pueblos y ciudades, y cuando pases por cada pueblo, por su nombre sabrás que vas en dirección correcta.

–Entiendo.

–Debes ir atento al camino para saber si vas en dirección correcta. Sólo así podrás llegar a tu destino, pronunció don Raúl mientras que su mano acariciaba el pasto.

–¿Entonces mi sueño podría ser llegar a El Paso y mis propósitos son llegar a todos los pueblos y ciudades que van en esa dirección?, comentó Luis al trazar una línea en su libreta.

–Correcto, la mayoría de la gente tiene idea de lo que quiere lograr pero no sabe como lograrlo, escribir tus metas es el primer paso, y actuar el segundo.

–Nadie escribe lo que quiere lograr, afirmó Luis.

–Sólo las personas que saben hacia donde van tienen mapas para llegar, por eso hacen realidad sus sueños.

–¿Podríamos hacer un ejemplo?, suplicó Luis sabiendo que éste era un punto clave en su aprendizaje.

–Veamos, "el dinero" como el sueño de alguien que viene a los Estados Unidos. Muchos vienen a juntar dinero y saben cuanto quieren, pero no saben cómo ni cuando lo van a lograr.

–Todos venimos a ganar dinero, afirmó Luis.

–Digamos que esta persona piensa ganar diez mil dólares para regresar a su país y comprar una casa.

–Yo vine por dos años y ahora vivo aquí, dijo Luis con un tono triste.

–La persona sabe que quiere volver a casa pero no sabe como lograr los diez mil dólares, pronunció don Raúl seriamente.

–¿Qué se debe hacer?, dijo Luis cruzando las piernas.

–Primero escribir el sueño, luego escribir los pasos que se van a seguir para reunir los diez mil dólares en el tiempo que se desea, finalmente, se debe pensar en el porqué y no en el objeto.

–¿Pensar en el porqué?

–Sí Luis, tu motivación vendrá al saber porqué estás en el camino que escogiste y esto le dará más significado a tu vida.

Don Raúl sacó una hoja de su bolsillo y se la dió a Luis diciendo: Escribe de acuerdo a este criterio.

–Bueno, déjeme ver, dijo emocionado el aprendiz.

La hoja tenía escrito lo siguiente:

Pasos para escribir tus propósitos

M	Mantener la responsabilidad y ser realista.
E	En el tiempo presente.
T	Como si la tuvieras.
A	Alcanzables.
S	Simples y sencillas.

–¿Es todo?, dijo emocionado Luis.

–Antes de correr, debes caminar, dijo don Raúl tan serio que Luis detuvo lo que hacía.

–¿Qué quiere decir con éso?

–Vamos a ver, paso a paso, este criterio para que lo entiendas, lo primero es tener una idea de hacia dónde quieres ir, por eso recordaste tus sueños al comenzar.

De pronto Luis entendió porqué don Raúl insistió que le diera rienda suelta a sus sueños.

–Ya tienes escritos tus sueños y ahora hay que darles una fecha para que se cumplan, sigamos con el mismo ejemplo, así vas a entender lo que aprendiste.

Luis quiso hablar pero don Raúl le indicó que callara.

–Según la hoja que te dí, tus metas deben darte a tí la *responsabilidad*, es decir, debes depender de tí mismo para lograrlas, no puedes depender de otros. Recuerda que es un pacto entre tú y Dios donde no existe culpa ni juez. A nadie en el mundo le importan tus sueños, más que a tí mismo, sólo tú eres capaz de realizarlos, ¿de acuerdo?

–Sí, de acuerdo, titubeó Luis.

–Sigue el ejemplo de **Oscar de la Hoya**. Cuando comenzó su carrera de boxeador no le dijo a nadie lo que soñaba ni lo que estaba haciendo. Simplemente se dedicó a hacer lo que se propuso y ya ves los resultados.

–Lo mismo hizo **Michael Jordan**, el gran jugador de basquetbol. Al comenzar su carrera fue rechazado por sus entrenadores, pero a nadie le dijo que entrenaba más duro y por más tiempo que cualquier persona. Ahora es el mejor jugador de basquetbol que ha conocido el mundo.

–¿Qué hicieron estos atletas, don Raúl?

–Nunca permitieron que su ego se interpusiera entre ellos y sus sueños. Cuando le comentas al mundo lo que sueñas entra el ego a tratar de justificar tu situación y te roba energía. Guarda tus sueños para tí solamente y nunca tendrás que defenderlos.

−¿Entiendes esto Luis?

−Sí, mis sueños serán un pacto entre Dios y yo.

−Muy bien, la siguiente regla es que debes ser *realista*, si quieres ganar diez mil dólares en un mes, tal vez no sea realista, mejor piensa que puedes ahorrar diez mil dólares en dos años.

−¿Debo comparar mis propósitos con lo que gano?

−Sí, y si no ganas lo suficiente puedes buscar otros ingresos.

−Entiendo, dijo Luis seriamente.

−Escribe tus metas en tiempo presente, evita vivir en función a lo que *vas a hacer o lo que vas a lograr*, ésto hace que se queden en el futuro y no se logren. Trae tus metas al presente y las lograrás más pronto.

−Todo en tiempo presente, muy bien, dijo Luis escribiendo las definiciones.

−Siente y piensa que ya lograste lo que escribiste.

−¿Aunque no los haya logrado todavía?, preguntó Luis un tanto desconcertado.

−Sí Luis, cuando actúas como si tuvieras lo que quieres, solo falta manifestarlo en el mundo físico, es cuestión de tiempo.

−Eso lo tengo escrito en mis apuntes, contestó Luis recordando esa sesión.

−El siguiente punto es que tus metas deben ser *alcanzables*.

−Si quieres ahorrar ese dinero, tus metas pueden incluir, cien dólares por cheque, algo que puedas hacer sin dañar tu condición actual ni la de tu familia.

−No creo que pueda ahorrar tanto por cheque.

−Entonces escribe lo que sí puedas ahorrar y recuerda que el viaje más largo comienza con un paso hacia adelante, cualquier paso es mejor que ninguno.

−¿Qué sigue?

–Escribe en forma *simple*, usando oraciones cortas y fáciles de entender, no escribas un libro, ésto toma mucho tiempo y no es práctico, también recuerda que tu mente necesita órdenes sencillas. Ahora vuelve a ver tus sueños y escribe tus metas, haz ésto hoy mismo, demandó don Raúl.

–Son seis áreas, ¿cuántas metas escribo?

–Escribe tres metas por sueño, volviendo al ejemplo de los diez mil dólares, podrías escribir esto:

Sueño: Tengo ahorrados diez mil dólares.

Metas: 1. Tengo una cuenta de ahorros en el banco.

2. Ahorro cien dólares por cheque.

3. Ahorro el dinero que puedo cuando voy de compras.

–Un sueño es una meta a largo plazo, necesitas fijarle una fecha, los propósitos también necesitan fechas y son a corto plazo.

–¿Pero qué pasa si ahorro los diez mil dólares en menos tiempo?, preguntó Luis.

–Felicidades, has hecho realidad un sueño y es hora de escribir el siguiente.

–¿Cada cuándo debo escribir mis sueños?

–Rara vez cambian los sueños, pero las metas y los propósitos cambian con más frecuencia, recuerda que hay muchas maneras de ahorrar diez mil dólares, te recomiendo que guardes tu libreta y revises tus propósitos al menos una vez por semana, así vas a saber si tu vida va en la dirección que deseas.

–Debo revisar mis propósitos una vez por semana, dijo Luis al tiempo que escribía.

–Sí Luis, puedes ir tachando lo que has logrado, y puedes cambiar lo que estas haciendo si no obtienes el resultado que quieres.

Luis se rascó la cabeza, se encontró de pronto confundido y dijo: ¿Dónde comienzo?

–Primero, escribe tu sueño y la fecha en que quieres haberlo logrado, después, en la misma página, escribe tus metas, es probable que al principio sean acciones para informarte.

–¿Acciones para informarme?

–Si necesitas una cuenta de ahorros, tienes que buscar un banco, la acción de buscar un banco puede ser una meta.

–¿O sea que debo pensar en todas las acciones que tengo que dar para llegar al primer punto?, preguntó Luis, comenzando a salir de su confusión.

–Exacto, vas a dar pasos pequeños en el presente para lograr algo grande en el futuro.

–Ahora entiendo, voy a hacer eso ahorita mismo.

Don Raúl siguió hablando

–Recuerda evitar la obsesión por lograr tus sueños y tus metas, debes tener paciencia y saber despegarte del deseo, el apego es la actitud del guerrero.

–No entiendo.

–El guerrero siente angustia cuando piensa en lo que quiere, su falta de fe y su desconfianza en Dios hacen que busque en su exterior las respuestas que sólo residen el *ser divino*. Esta forma de vivir causa muchos problemas por el dominio del ego. No existe la paz o el amor incondicional que son las leyes de la creación, por lo tanto, el guerrero vive peleado con el progreso.

–Practica el desapego que se basa en la confianza en tu creador y en el saber que mereces lo que deseas. Cuando dejas de dudar, las cosas se dan con mucha facilidad.

–En poco tiempo vas a dejar de escribir metas porque serás un ser espiritual, al ser espiritual, vas a lograr lo que deseas con solo pensarlo, entre tanto, ésto te servirá para seguir tu disciplina.

–No entiendo muy bien lo que dice.

–Ya entenderás Luis, recuerda que puedes tener todo lo que quieres siempre y cuando sigas la corriente del río y no trates de luchar en su contra.

–Sí don Raúl, entiendo pero a veces siento que lo que deseo tener es imposible. Nunca he tenido lo que quiero y no entiendo porque habría de tenerlo ahora.

Luis hablaba con un tono triste y desalentado.

–Esas son palabras de tu ego, sigue fortaleciendo tu creencia en tí mismo y en tu esencia. También hazte cargo de la manera en que estás pensando, ¿de qué te sirve hablar de esa forma?

–No se, es lo que pienso.

–Tu conciencia todavía está centrada en lo que no puedes lograr. Si no haces un cambio, vas a lograr lo que no quieres, sigue meditando como lo has hecho hasta ahora. Vas por buen camino aunque a veces te desvíes.

Don Raúl habló con mucha ternura al decir: Por lo pronto escribe tus metas para un mes. Después, escríbelas para seis meses, un año, cinco años y diez años, ¿de acuerdo?.

–Esta bien don Raúl, eso voy a hacer.

Don Raúl sabía que de vez en cuando Luis iba a caer en su propia idea de no merecer lo que quiere.

–**Walt Disney** dijo: *"Todos nuestros sueños se pueden realizar si tenemos el valor de seguirlos"*, el valor y la inspiración vienen del yo divino, encuéntralo y verás que lo que te digo es cierto.

–Vamos a pasar a la casa para que tomes algo.

14

Descubre Tu Misión Especial

Don Raúl caminó deteniéndose cada tres o cuatro pasos para contemplar la belleza del jardín, al llegar a su hogar respiró profundamente y dijo: El poeta y santo Sufí, *Rumi* escribió:

> Cuando mueras,
> busca como tu lugar de descanso
> no la tierra,
> sino el corazón de los hombres.

–Quiero que pienses en *Rumi* cuando preguntes qué debes hacer con tu vida.

–Antes de escribir tus metas, quiero explicarte la ley del "**Dharma**" o propósito en la vida, y dice que todos nos hemos manifestado en forma física para cumplir un propósito, en realidad somos ángeles que tomamos forma humana para cumplir una misión especial.

De pronto Luis entendió que las preguntas que se había hecho desde niño, sobre su existencia y su razón de ser, estaban a punto de ser contestadas.

–Según la ley del Dharma, tú tienes un talento único y una manera única de expresarlo, si expresas este talento para satisfacer las necesidades de tus semejantes, puedes crear abundancia y riqueza, más allá de lo que puedas imaginar.

–Siempre he pensado que soy bueno para hablar con otros y ayudarles con sus problemas, dijo Luis sin darse cuenta que don Raúl no había terminado.

–Hay tres cosas que debes hacer para usar al máximo esta ley. Primeramente, debes dominar el ego, meditando y buscando al ser divino que llevas adentro.

–¿Con qué frecuencia debo meditar?

–Todos los días, por lo menos media hora.

–En segundo lugar, haz una lista de tus talentos.

–No los conozco todavía, ¿cómo le puedo hacer?

–Voy a terminar de explicarte la ley del Dharma y luego te enseño a hacerlo, ¿de acuerdo?

–Sí don Raúl, dijo Luis reacomodándose en su silla.

–Finalmente, preguntate cómo puedes ayudar a la humanidad, y lleva a cabo la respuesta, ésto despertará una pasión por vivir como nunca has sentido.

–Entonces, ¿la meditación y la combinación de mi talento con la ayuda a mi prójimo es la ley del Dharma?

–Así es Luis, ahora vamos a hacer esa lista de talentos que tienes, dijo don Raúl al buscar otro libro de su colección.

–Escribe Luis, te voy a hacer una pregunta.

–Dígame, estoy listo, dijo Luis casi eufórico.

–Si el dinero no fuera problema y tuvieras todo el tiempo en el mundo, ¿qué estarías haciendo?

–Mientras escribes, voy a poner música, empieza a apreciar las grandes obras maestras.

Al escuchar la música, Luis sintió que se tranquilizaba, su mente parecía abrir las puertas de su ser espiritual y comenzó a fluir la energía. Escribió lo siguiente:

---

1. Soy bueno para ayudar a los demás con sus problemas.
2. Tengo un buen sentido del humor.
3. Me gusta escribir.

–Muy bien Luis, ahora preguntate, ¿cómo puedes servir a la humanidad?, después escribe las respuestas.

Luego de una larga pausa, Luis comenzó a escribir y ésto fue lo que resultó:

---

1. Puedo llevar un mensaje de esperanza a mi comunidad.
2. Puedo entretener a mi prójimo al mismo tiempo que les ayudo a resolver sus problemas.
3. Puedo escribir libros para que mis semejantes lean y aprendan en su tiempo libre.

–Ahora es tiempo de que escribas tus metas para un mes de acuerdo a lo que aprendiste en esta sesión, dijo don Raúl al ver que Luis había terminado con su ejercicio.

Luis miró a su maestro y dijo: Ahora mismo escribo mis metas, y este fue el resultado:

Sueño: Bienestar Físico

Tener un Cuerpo Fuerte y Sano para Disfrutar mi Vida.

Fecha: 1/2/99

Metas	**Fecha**
1. Me alimento bien.	7/1/99
2. Hago ejercicio todos los días.	15/1/99
3. Peso 175 lbs.	30/1/99

Sueño: Superación Personal

Resuelvo mis problemas y cualquier conflicto que tenga.

Fecha: 1/2/99

Metas	Fecha
1. Leo todos los días.	7/1/99
2. Tomé un curso de superación.	15/1/99
3. Estoy aprendiendo a resolver mis problemas.	21/1/99

Sueño: Relaciones Humanas

Me llevo siempre bien con todos.

Fecha: 1/2/99

Metas	Fecha
1. No juzgo a nadie.	5/1/99
2. Ayudo a mis semejantes.	Diario
3. Conozco a mucha gente.	30/1/99

Sueño: Mi Familia Ideal

Mis hermanos y hermanas se han unido para crear un mundo donde sólo existe amor y paz

Fecha: 1/2/99

Metas	**Fecha**
1. Estoy en contacto con mi familia.	7/2/99
2. Busco la unidad de mi comunidad.	15/2/99
3. Le demuestro afecto a mis semejantes.	30/2/99

Sueño: Bienes Materiales

Gano lo suficiente para ayudar a mi familia y a los menos afortunados.

Fecha: 1/2/99

Metas	**Fecha**
1. Sé como ser supervisor.	7/1/99
2. Estudio Administración.	21/1/99
3. Tengo mi propia cuenta en el banco.	30/2/99

Sueño: Bienestar Espiritual

Conozco a Dios y amo a mis semejantes sin prejuicios.

Fecha: 1/2/99

Metas	**Fecha**
1. Pido informes en la iglesia.	2/2/99
2. Leo literatura espiritual	14/2/99
3. Aprendo a ser servidor.	30/2/99

Después de media hora, Luis levantó la cabeza y exclamó: ¡Estoy listo!

–Ahora verifica que tus metas estén escritas de acuerdo al criterio que aprendiste, pidió don Raúl tiernamente.

–Todo está en orden, escribí mis metas para un mes.

–Está bien Luis, luego puedes terminar de escribir tus metas. También recuerda que cada meta tiene una serie de metas que la apoyan. Esto es lo que vas a hacer a diario.

–Entonces lo hice bien, proclamó Luis, orgulloso.

Don Raúl miró a Luis a los ojos y tiernamente dijo: La última porción de tu aprendizaje es tal vez, la mas difícil. Hasta ahora has estado cultivando una mente fuerte, un cuerpo sano y un espíritu conectado a la fuerza divina, sin embargo, si no *das los pasos hacia adelante,* difícilmente vas a lograr lo que buscas.

150

–Cuando la energía fluya libremente por tu cuerpo sentirás mucho amor y tendrás *el poder personal* que necesitas para actuar. Nota lo que dijo la **Madre Teresa** en una conferencia internacional: *"Que haya menos palabras y más acción de parte de todos, los resultados están en la acción y no en la simple palabra..."* Usa tu energía para crear la acción que necesitas. Es similar a subir una loma, de principio cuesta un poco de trabajo, pero al bajarte, una caída es más fácil y debes tener cuidado.

–¿Cuidado?, preguntó Luis, curioso.

–Sí, Luis, el camino al progreso está lleno de paradas inesperadas, retrasos y obstáculos

–¿Qué hago si tengo un retraso?

–Es preciso que seas paciente y practica el *despego*.

–¿Qué es el *despego*?, pregunto Luis.

–Cuando te interesa tener algo pero no lo necesitas y cuando no sufrirás si no te llega. Al practicar este principio las cosas se te dan con mucha facilidad porque no luchas, no sufres, no te preocupas. Estás en paz y tienes fe.

–Imagina que vas de San Antonio a Monterrey, México, al llegar a la frontera, te das cuenta de que los puentes están cerrados, si en realidad deseas ir a Monterrey, ¿qué harias?

–¿Si los puentes están cerrados en la frontera?, esperaría a que los abran, contestó Luis pensativo.

–¿Y si no abren los puentes?, examinó don Raúl.

–Buscaría otra forma de llegar, me iría por avión.

–Exacto Luis, si el camino que escogiste está cerrado, busca otro, y otro, hasta llegar a tu destino.

–Entiendo, don Raúl.

–Observa si lo que haces te da los resultados que esperas, y qué no te funciona.

–¿Para qué?

–Lo que no funciona, déjalo de hacer.

–Al notar lo que no funciona, acepta que *el fracaso no existe, solo existe la información.*

–Déme un ejemplo.

–Unos estudiantes tenían problemas con la pronunciación del inglés, creían haber fracasado porque de principio no podían hacerlo como los norteamericanos.

–Suena familiar, murmuró Luis.

–Otros pensaban en su pronunciación como información que les decía lo que tienen que mejorar, ¿qué estudiantes crees que aprendieron a pronunciar?

–El segundo grupo, ¿no?, titubeó Luis.

–Exacto, porque el segundo grupo no creía en el fracaso, solo en la información, así debes pensar cuando tomas acción para lograr tus metas. Si no logras lo que buscas, no es fracaso, siempre y cuando aprendas de tu experiencia, ¿entiendes?

–Sí señor, *no existe el fracaso*, asintió Luis.

–Sólo existe la información que te dice que debes cambiar o seguir adelante, terminó don Raúl.

–¿Y qué pasa si no logro lo que quiero en el tiempo que lo quiero?, preguntó Luis.

–Puede ser que no escribiste tus metas en forma realista, revísalas cada semana y recuerda que no *hay metas imposibles, solo tiempo mal calculado.*

–Si despues de revisar tus metas tienes problemas entonces tienes que enfocar bien la mente, rezar y pensar sólo en el *porqué*, ¿por qué es importante lo que quieres?, hazte esta pregunta una y otra vez. Si tienes un por qué, lo suficientemente bien definido, tendrás también las respuestas.

Don Raúl se levantó y caminó hacia su escritorio, sacó un sobre y lo dejó en el sofá donde estaba sentado Luis.

–También recuerda siempre *vivir al cien por ciento.*

–¿Cien por ciento?, dijo Luis mientras tomaba el sobre y lo colocaba en su mochila.

–Sí Luis, no pospongas tu misión especial, es divina y la debes seguir lo más rápido que puedas.

–La mayoría espera dar lo mejor de sí cuando las circunstancias de su vida cambien, y no se entregan en el presente. *Vive el día de hoy con toda tu energía*, tanto física, mental y espiritualmente. De esta manera lo que das es lo que recibes y te irá bien.

–¿Has visto partidos de futbol donde tu equipo favorito juega con mucha cautela?, preguntó don Raúl.

–Sí, los he visto.

–¿Qué sientes al ver un partido así?

–No me gusta porque los jugadores parecen tener miedo.

–¿Y cuando se entrega tu equipo y da un buen partido?

–Siento que merecen ganar, acertó Luis.

–Escucha, dijo firmemente don Raúl, cada vez que no te entregas a tu misión, te vas a la banca, en cada momento que no das los pasos hacia adelante, creas obstáculos que te impiden progresar. En la vida, juega al cien por ciento, no te detengas, Dios ayuda a aquellos que se ayudan a sí mismos.

El maestro quedó casi sin aliento, miró a Luis a los ojos y lo tomó de los hombros, se detuvo un momento y prosiguió: Es hora de que camines con tu propia luz, has sido un estudiante maravilloso y sé que vas a ser un gran maestro.

–¿De qué habla don Raúl?

–Por ahora, acabas de terminar tus estudios.

–Pero no quiero dejar de venir a verlo, dijo Luis, conmovido.

–Voy a México por unos meses y no sé si vuelva.

Luis sabía que un día se tendría que despedir de don Raúl pero nunca pensó que sería tan difícil y tan pronto.

–Pero, ¿cómo voy a saber que voy por buen camino?, protestó Luis tratando de contener las lágrimas.

–Vas a encontrar tres indicadores divinos: Primeramente, *la gente te va a juzgar y dirá que estás loco.* En segundo lugar, *vivirás en la ley del Dharma* donde no existe el tiempo, el espacio o limitación alguna y por último, *te convertirás en un imán de cosas positivas*; dinero, amor, salud y personas que te apoyan llegarán a tu vida porque habrás dejado de luchar, de sufrir. Estas serán las pruebas de que has llegado al primer nivel.

–En el sobre te dejo tres cartas, dos son para tí y la segunda es para la mujer que tenga la dicha de ser tu esposa.

–Pero don Raúl, no quiero que se vaya, dijo Luis sin contener las lágrimas.

–Me siento como un padre que acaba de enseñar a volar a su hijo y lo va a dejar volar por su cuenta.

Don Raúl se levanto y caminó hacia la puerta, al mirarlo, Luis tomó su libreta y siguió al viejo maestro.

–Salgo en dos horas, ¡hasta siempre!

Don Raúl abrazó fuertemente a Luis y éste lloró como un niño.

–Si piensas que no me vas a volver a ver, echarás a perder lo que aprendiste.

–Sí, tiene razón, dijo Luis, secándose las lágrimas de su rostro, pero todavía necesito su ayuda.

–En tus meditaciones, piensa en mí y me hallarás en la luz, allí te daré la ayuda que buscas.

–¡Hasta siempre!

***

Don Raúl le dejó a Luis una última página donde había escrito lo siguiente:

Técnica Para Fijar Una Meta en la Línea del Tiempo

1. Escribe de acuerdo al criterio establecido.

2. Entra a Hakalau

3. Busca tu Linea del Tiempo

4. Haz una imágen de lo que deseas, como lo deseas.

5. Mira todo a través de tus propios ojos.

6. Siente lo que vas a sentir cuando lo logres.

7. Escucha lo que vas a escuchar cuando lo logres.

8. Lleva la imágen contigo al futuro.

9. Coloca la imágen en el futuro.

10. Mírate logrando hacer realidad lo que deseas.

11. Siente la certeza de tener lo que deseas.

12. Respira hondo cuatro veces para darle energía.

13. Deja la imagen en la línea del tiempo cuando se debe llevar a cabo.

14. Vuelve al ahora notando que tu comportamiento se modifica para apoyar lo que quieres.

15. Comienza a actuar como si tuvieras lo que quieres.

Del otro lado la página tenía escrito:

En Cada Instante de Tu Vida
Puedes Tener Paz
o Puedes Ser Prisionero
de Tu Ego

La Decisión Es Tuya

15

La Auto-Realización

Dos meses pasaron desde aquella tarde en que don Raúl se despidió, Luis estaba emocionado porque su vida había cambiado de tal manera que ni su familia lo conocía.

Encontró que al actuar para progresar, su pasión por vivir aumentó, don Raúl tenía razón, era cuestión de seguir los siete pasos, demostrando que cualquier persona puede progresar.

También cambió algunas costumbres que le hacían daño, comenzó a hacer ejercicio, a comer alimentos saludables y dejó de fumar.

Ahora acostumbra meditar y leer todos los días, por vez primera en su vida, está conociendo a Dios y a su propio yo divino. Tiene mucha tranquilidad.

Una tarde cuando fué a la biblioteca notó el sobre que dejó en su maletín, era el mismo que le había dejado don Raúl, lo abrió y comenzó a leer la nota que decía:

Estimado Luis:

Espero que al leer esta nota, la felicidad y el progreso sean ya, parte de tu vida.

Haz lo que te pido en estas cartas. Con su producto podrás pagar tu enseñanza.

Léelas y piensa en lo que sientes.

Entrega la segunda carta a la mujer de tu vida.

Dios te bendiga

Raúl

Eran las tres cartas de don Raúl. Luis se dió prisa por leer la primera que decía:

Primera Carta
El Encargo

Haz ésto con lo que aprendiste:

Manten la conexión con Dios
Pídele que ilumine el camino que has escogido. En tus meditaciones, quédate en el ahora, y usa la imaginación para aumentar la fe.

Sirve a tu comunidad
Tu prójimo vive en el mundo que dejaste. De la misma manera en que te ayudé, ayuda a los demás, especialmente a las mujeres y a los niños.

Enseña a tus semejantes
La mayoría de las personas inmigrantes vienen a trabajar y no a progresar, ignoran que son hijos de Dios, y que El solamente quiere que sus hijos tengan paz, por eso caen víctimas de abuso e injusticia. Muéstrales el camino, ya lo conoces.

Difunde la promesa del progreso
En cada oportunidad, busca a las personas que no creen en su futuro y enséñales a comunicarse con Dios y su fuerza divina. Aprende a hablar en público, muchos necesitan escuchar el mensaje.

Escribe un libro sobre lo que aprendiste

De esta forma podrás llevar la esperanza de paz a todos los rincones del mundo, el planeta está sediento de escritores con mensajes como el que llevas en el corazón.

Aprende a vivir en la abundancia

Pierde el miedo a tener dinero, amor, salud y felicidad, aunque ésta no sea tu meta, la abundancia es la recompensa de todo aquél que sirve a Dios y a la humanidad.

¡Decídete a vivir felíz hoy mismo!

La infelicidad es la cruz que cargan los que deciden sufrir, ahora eres maestro y tienes la obligación de vivir cada día con amor en el corazón, cultiva la costumbre de ser feliz.

Nota las coicidencias

Pronto el yo divino te mandará mensajes muy sutíles. Reconócelos como regalos de Dios que te recuerdan que puedes lograr lo que sueñas. Recuerda cuidar muy bien lo que piensas.

¡Adelante!

Al terminar de leer Luis se quedó sin aliento, varias personas mostraron ternura al ver que lloraba. Sonrió, secó sus lágrimas, e inició la lectura de la segunda carta.

Segunda carta
A la Mujer Hispana

Dios te ha dado el don celestial y divino de sentir en carne propia el amor incondicional y por eso eres el ser más bello, tierno y perfecto del universo. Si has de llevar una vida de amor, felicidad y progreso, debes vivir plenamente.

Deja de Preocuparte
Cuando lo haces, mandas energía a la fuerza divina de lo que deseas, esta fuerza es perfecta y contesta tus preocupaciones con la manifestación de problemas, piensa sólo en lo que quieres.

Conserva tu Salud
Por ser la criatura más divina del universo debes fortalecer tu cuerpo físico, una alimentación saludable, ejercicio y pensamientos positivos son la clave de una buena salud, tu sistema inmunológico escucha lo que dices y responde.

Los niños
Te fue concedido el milagro de *dar luz*, esta virtud te hace fuerte y espiritualmente atraída a la superación personal, sigue este camino ya que en él hallarás la paz. Aprende de los pequeños, te pueden recordar a ser sencilla, curiosa, valiente, entregada, feliz, amorosa, tierna y sobre todo, a amar incondicionalmente, ellos así son por naturaleza. Enséñales a reconocer sus talentos, ellos tienen algo especial que aportar al mundo y tú, como su maestra, puedes ayudarles a encontrarlo.

Vence la apatía

Este es el mal más grande que sufre la comunidad hispana. Siempre que puedas, participa en los eventos de tus hijos, interésate por lo que hacen los líderes comunitarios y vota, aporta tu opinión positiva, aún cuando tu pareja no lo haga.

Ingresos

Si tu trabajo te hace dejar a tus hijos, busca uno que te permita trabajar desde el hogar, las compañías en red como Amway, Shakley, Rexall, Jafra, Servicios Legales Prepagados y Mary Kay son ejemplos claros, aparte de preocuparse por tu bienestar, han hecho millonarias a miles de personas.

No te conviertas en víctima

Nadie te puede maltratar al menos que tú estés de acuerdo, tu pareja no puede abusar de tí al menos que lo permitas, recuerda nunca tratar de cambiar a los demás con palabras, usa el poder del amor y los hechos positivos. Al mismo tiempo, recuerda apoyar a tu pareja que está tan confundido como un niño pequeño y necesita amor.

Cultiva tu autoestima

Se ha dicho que eres el pilar de tu familia, la autoestima es el pilar de tu felicidad, protégete contra personas débiles que van a tratar de derrumbar esta cualidad, ésto lo puedes hacer aprendiendo de su tiranía y perdonando sus ofensas.

Luis terminó de leer la segunda carta y pensó que también prodría usar las sugerencias, sólo le quedaba la tercera, que decía:

Tercera Carta
LA COMUNIDAD HISPANA ESTA EN CRISIS

Tu comunidad necesita ayuda, hombres y mujeres hispanos necesitan guías, líderes que los lleven al nuevo milenio con orgullo y dignidad, años de desaires los han hecho escépticos, cínicos e incrédulos. Aprende el arte de la oratoria y habla de estos principios a tu comunidad.

La actitud positiva
Busca lo bueno en cualquier situación, tu experiencia depende de tu reacción, las acciones de otros son oportunidades para aprender y hacerte más sabio, ante todo, se amable aún cuando tengas que dar la razón.

Sueños
Todo movimiento comienza con sueños, toda creación comienza con sueños, esta es tu conexión con la fuerza divina. Practica el arte de la meditación, de soñar y enséñalo a otros.

Metas
Te ayudarán a motivar a los grupos y mantenerlos enfocados. Recuerda que son mapas para tu mente y que el camino está lleno de desviaciones. Carga contigo siempre una lista de lo que deseas, y léela si te sientes desanimado. Te traerá la inspiración que te falta.

Determinación

"Todo espíritu brillante siempre ha encontrado la oposición violenta de mentes mediocres," ésto lo dijo uno de los genios mas grandes que ha dado la ciencia. Tu determinación será inquebrantable si sigues los pasos al progreso, aunque debes anticipar la resistencia de otros.

Trabaja con orgullo

Sin importar qué trabajo hagas, hazlo con amor, al dar siempre lo mejor de tí, recibirás lo mejor del mundo.

Sigue aprendiendo

Nunca dejes de fortalecer la mente, tienes mucho en que pensar, sigue mejorando y evita el sobreanálisis de tus problemas. Mejor medita en la luz y guarda silencio.

Enamorate de lo que haces

Si tu trabajo no te gusta, busca otro, a nadie le hace bien que sigas donde estás si te mortifica estar allí, las personas más exitosas disfrutan cada momento de su trabajo, haz lo que más te gusta y tendrás éxito, recuerda la ley del Dharma.

Decisiones

Acostúmbrate a tomar decisiones, hazlo rápido y sin deliberar demasiado. Permite que tu pareja tome las suyas ya que es su propia persona y debes respetarla.

Tecnología
Compra una máquina que conteste tus llamadas telefónicas y enseña a tu familia a operarla. Aprende a usar una computadora, ya que si no lo haces, perderás la comunicación con tus hijos en el futuro, aprovecha los adelantos tecnológicos.

Autosegregación
El mundo abre los brazos a personas con buena actitud y amor en el corazón. No le haces bien a nadie haciéndote menos que los demás, sobre todo a tu familia.

Amor incondicional
Esta es la fuerza que mantiene el equilibrio del universo, nada ni nadie puede negar que el amor transforma a las personas. Cuando aceptas a los demás mirando sólo su esencia, estás practicando este principio.

Familia
Tu tarea como padre es dar libertad a tus hijos, cuando estén listos para ir por el mundo, serán fuertes y sanos aunque no dependan de tí, este es un reto a tu inseguridad. Busca siempre mantener el bienestar de tu familia bridándole amor incondicional. Al superarte tus hijos seguirán el mejor ejemplo que puedes dar. Tu familia es un tesoro que debes apreciar siempre.

Calidad de vida

Busca dar lo mejor del mundo a tus seres queridos, ésto incluye: amor, tiempo, sabiduría y autoestima.

El Rey

Nunca pienses que otros deben asumir la tarea de hacerte feliz, pensar de este modo no sólo es un error, sino tambien te separa de Dios. Sólo puedes ser feliz si te amas a tí mismo. Nunca pienses que otros no pueden hacer lo que no crees poder hacer tú. Si tu familia hace planes para mejorar, apoya toda acción positiva. Sobre todas las cosas supera el ego, ama y permíte que tu esposa se realice plenamente.

Dios

El creador está en tí igual que está en todas las cosas, eres parte de su creación divina aunque no lo creas. Amor incondicional es el único camino a tu felicidad. Entrega tu cuerpo a la acción, tu mente al ahora y tu espíritu a Dios.

Como de costumbre, don Raúl dejó una targeta que tenía escrito lo siguiente:

Comparte Este Mensaje con el Mundo

Acerca del Autor

Carlos A. Sánchez es maestro de superación personal, terapeuta y orador profesional. Es uno de los únicos oradores hispanos, en los Estados Unidos que pertenece a la Asociación Nacional de Oradores Profesionales, haciendo presentaciones en inglés y español.

Estudios:

- Maestro de idiomas.
- Terapeuta de Programación Neurolingüística.
- REIKI, la puesta de manos Nivel III.
- Maestro de Hipnosis Clínica.
- Maestro de la Ciencia del Potencial Humano: PNL.

Presenta programas de superación, cursos cortos de inglés y ofrece consultas personales desde su oficina en Dallas, Texas.

Como orador, viaja por los Estados Unidos compartiendo los conceptos de este libro en forma de talleres de superación personal y conferencias motivacionales.

Para más información, llame al:

1 (800) 259-2294
www.hsiconsulting.com
www.speaker.org

Productos del
Instituto de Exito
HISPANO

1 (800) 259-2294
e mail: Hsicon@aol.com
www.hsiconsulting.com

7 Pasos al PROGRESO
El Curso Autodidactico de Superación Personal
por Carlos A. Sánchez

Usted también puede tener un maestro en su casa. Ponga en práctica los Siete Pasos al Progreso y aumente la energía en su vida. Este programa autodidactico contiene Siete Audio Cassettes y un Manual de Superación Personal, donde usted aprenderá:

- Los principios de Meditación: Hakalau.
- A Redescubrir sus Sueños.
- Como cambiar su Diálogo Interno, y obtener la Tranquilidad que Desea.
- Como pensar Solamente en lo que Quiere.
- Técnicas de la Línea del Tiempo para Eliminar los efectos del Miedo, la Ira, la Tristeza y el Remordimiento.
- Técnicas mentales para Cambiar las Creencias que lo Mantienen Paralizado.
- Como Dominar las Reacciones Negativas.
- A Escribir sus Propósitos para que se Cumplan,
- Como Descubrir su Gran Misión en la Vida,
- ¡Mucho, mucho más!

Este programa es realmente único en su clase, puede ayudarle a solucionar, por sí mismo, los obstáculos que encuentran miles de inmigrantes que viven en los Estados Unidos.

7 Audio cassettes y un manual a sólo
$89.00/US más envío.

¡ORDENE HOY MISMO!

170

Inglés Esencial ®
The Essential English Series®
Cursos Cortos de Inglés

Estos cursos rápidos de Inglés Esencial fueron diseñados para personas que quieren mejorar su inglés en el trabajo.

Cada curso incluye temas como:
- Inglés Basico
- Pronunciación
- Vocabulario General
- Como Dar Direcciones
- Como Hablar con Clientes
- Que Hacer en Caso de Emergencias
- Como Llamar para Reportarse Enfermo
- Como Pedir un Aumento de Sueldo
- Como Corregir Problemas con el Cheque
- Vocabulario de Trabajo

Aprenda a hablar inglés mientras trabaja y lleve a cabo ideas nuevas para mejorar y conseguir el puesto que desea.

Disponibles para estos trabajos:
- Housekeeping en Hoteles y Hospitales
- Busboys en Restaurantes
- Ayudantes de Cocinero
- Conserjes y Limpieza
- Jardinería y Construcción
- Restaurantes de Comida Rápida
- Instaladores de Pisos y Alfombras

Cada curso contiene un manual y un Audio-cassette. Si ordena hoy le regalamos un audio cassette y un manual para *Mejorar la Pronunciación ¡GRATIS!* **$16.95**/US más envío

9 Pasos a la Ciudadanía Norteamericana

Siga los nueve pasos, desde como obtener la forma N-400, como llenarla, y las 100 preguntas oficiales en inglés y español. Manual y dos audio-cassettes, $16.95

350 Dichos y Modismos Inglés/Español

Hágase entender y use los modísmos del inglés con facilidad, aprenda los dichos más populares con ejemplos en español de como usarlos. Dos audio-cassettes y un manual, $16.95

Ejercicios para Mejorar la Pronunciación

Aprenda, paso a paso, los sonidos y las letras del idioma inglés, con ejercicios sencillos y trabalenguas, podrá pronunciar el inglés con mayor claridad. Un audio-cassette y un manual, $12.95

Como Vencer la Preocupación

Esta es una de las costumbres mentales que más debilitan el cuerpo físico. Este programa le enseña formas de pensar que puede usar inmediatamente para cambiar éste hábito y vivir más tranquilo. Un audio-cassette, $9.95

Viva Libre de Tristeza y Melancolía

La depresión y la pena pueden robarle la vida. Se ha comprobado que la tristeza es responsable por cientos de malestares físicos. Aumente su energía y aprenda a darle más amor a su familia. Un audio-cassette $9.95

Convierta el Temor en Confianza

Decida hoy mismo, comenzar una vida libre de las garras del miedo y comience a hacer lo que siempre ha querido. Hable inglés con confianza, hágale frente a sus problemas y salga adelante. Cos audio-cassettes, $14.95

Inglés para Hispanos
Camino al Progreso™

Aprenda inglés mientras lleva a cabo los pasos que llevan al bienestar y a la superación personal. Este curso le enseña, ***en Español***, temas como:

Los 9 Pasos a la Ciudadanía Norteamericana, Pronunciación, Entrevistas de Empleo, Autodefensa Verbal, inglés básico/intermedio, y técnicas mentales de superación y muchísimo más.

Este curso de inglés y superación contiene:

- *12 Audio Cassettes*
- *12 Video Cassettes*
- *1 Libro de Texto*
- *1 Libro de Ejercicios*
- *12 Manuales para los Videos*
- *1 Tocadora de Cintas*
- *1 Diccionario Inglés Español*

Ordene este curso hoy mismo a sólo $299.00/US más envío.

Lláme al 1 (888) INGLES 1
o
1(888) 464-5371

Ordena al:
El Instituto de Exito Hispano
P.O. Box 708, Dallas, Texas 75209
1 (800) 259-2294
hsicon@aol.com

Manda esta Forma con Tu Cheque o Money Order

Datos del Solicitante

Nombre	
Dirección	
Ciudad	
Estado	Código Postal
Teléfono ( )	

Por Favor Escribe Claramente

Ejemplares	Título	Precio	Total

Sub-Total _____

Impuesto Residentes de Texas + 8.25%_____

Total $_____

Forma de Pago: Cheque ❐   Money Order ❐

Si pagas con cheque escribe tu número de licencia y tu número de teléfono en el mismo. La dirección en el cheque debe ser igual a la dirección que se indica en tu orden.
Por favor escribe tu cheque a nombre del
Instituto de Exito Hispano

175